中國文化史

（附國文語原解·中國古代幣材考）

梁啓超著

中華書局印行

中國文化史

（社會組織篇）

目次

中國文化史

社會組織篇

第一章　母系與父系

近世社會學者多言人羣之始先有母系而後有父系母系云者以母爲家族中心子孫皆從母爲系屬也現代尙有存其影響者例如暹羅此階級是否爲凡人羣所必經是否爲我民族所曾經今尙未得完證然古籍中固有足供此問題研究之資者

許愼五經異義述今文家經說云「聖人皆無父感天而生」神話所傳如華胥履人跡而生伏羲（見詩含神霧及孝經鉤命決）安登感神龍首而生神農（見春秋元命苞）女節感流星而生少昊（見宋書符瑞志）女樞感虹光而生顓頊（見山海經及詩含神霧）慶都感赤龍而生堯（見春秋合誠圖）女嬉吞薏苡而生禹（見吳越春秋及論衡）諸如此類太史公所謂言不雅馴者姑勿深論至如商周之祖契稷史家皆謂帝嚳之子然玄鳥之詩曰「天命玄鳥降而生商」長發之詩曰「有娀方將帝立子生商」生民之詩曰「厥初生民時維姜嫄」閟宮之詩曰「赫赫姜嫄其德不回上帝是依……是生后稷」此皆商周人祀祖廟之樂章皆頌其妣而不及其祖使商周果帝嚳之胤詩人曷爲舍而不言以吾儕所觀察「無父感天」說之由來可作兩種解釋其一後人欲推尊其祖爲神聖以示別於凡人乃謂非由精血交感所產而

為特種神靈所託化。如基督教徒謂瑪利亞以處子而誕基督。此則全屬宗教的作用。無與於事實也。其二。則當婚姻制度未興以前。只能知母為誰氏。不能知父為誰氏。此則母系時代自然之數也。之二說者後說為近之。

公羊傳云『謂為天之子也可。謂為母之子也可。尊者取尊稱焉。卑者取卑稱焉』不言父之子而曰母之子。恐亦是母系時代之成語。

四裔諸族。亦多有無父感生之傳說。如槃瓠蠻之祖為犬。高車突厥之祖為狼。蒙古之祖亦為狼。九匿蠻之祖感浮木。滿洲之祖感朱果之類。其所以不能確指其父之故。皆可以母系之一原則解釋之。宋書齊書皆言鮮卑索頭部從母為姓。亦可為初民多經母系時代之一證。

說文姓字下云『人所生也。古之神聖母感天而生子。故稱天子。從女從生。』白虎通姓名篇云『姓者生也。人稟天氣所以生者也』可見姓之起原。實以母為中心。而於父無與。故其文從女。古之著姓。若姚。若姒。若姬。若姜。若嬀。若嬴。若姞。若妘。字皆從女。若以姓為我國最古之團體。則一姓者。卽一母系之稱也。堯典所謂『平章百姓。』卽善能處理多數之母系團體也。

推想母系時代之情狀。必以親屬牝交為最便利。則其時之團體。蓋純粹的同一血統而無外雜者也。故國語曰。『同姓則同德。同德則同心。異姓則異德。異德則異類。』若後世姓從父衍。一父一母所生之子。當然兼函兩姓之血統。則同德同類。何以稱焉。故知國語彼文。實姓字最初之定義。不同一母系者。謂之異姓。截然為一別血統。故相視為非我族類也。

同姓不婚之制。至周代始確立。然其理論。殆早發生於母系時代。國語曰『同姓不婚。懼不殖也。』叔詹曰『男女同姓。其生不蕃。』子產曰『內官不及同姓。美先盡矣。則相生疾。』此殆積母系時代長期間之經驗乃發見血統交合不利傳種之生理上原則流傳至春秋間而士大夫猶常斷斷然以爲戒也故司空季子之言婚姻曰「異德合姓」謂合兩異血統爲匹耦也至於周乃應用此原則以嚴立法制行之三千年至今莫或敢畔大傳云『繫之以姓雖百世而婚姻不通者周道然也』由今日觀之「姓」之意義已變一姓相傳閱百年所雜血統已不知凡幾無復德類同異之問題同姓不婚幾等於無意義反不如中表不婚之尤爲合理然此非所論於母系正盛及初蛻變之時代也

社會學者言母系時代有以甲系之男爲乙系之女所公有者在吾國古籍中不見此痕跡但當其已發見同姓不殖之原則而婚姻制度尚未確立時或當有此制以爲過渡周制諸侯娶於一國同姓兩國從而媵之其事頗奇異其習慣所由來不可考不知與此制有關否

我國若曾有母系時代則此時代以何時終止耶若承認稷契爲母系人物則當是唐虞時此風猶存要之母系必俟婚姻制度確定後始消滅而婚姻制度之漸立恐亦始於唐虞之際耳

第二章　婚姻

父系代母系而興自婚姻始也易傳『有夫婦然後有父子』記曰『男女無別則父子不親』未有婚姻則男女共有之則男女別曲禮『日月以告君齋戒以告鬼神爲酒食以邀鄉黨僚友以厚其別也』言昭告於神注籍於國公布於衆以示此男別屬此女此女別屬此男而不與人共也是之謂『夫婦有別』有夫婦則不如前此之僅有母子而更有父子

相傳伏羲始制嫁娶以儷皮爲禮事太荒遠無從證實然觀夏禹傳子知當時父系必已成立而婚姻必更在其

前洎周人所制儀禮。有昏禮一篇。始著爲鄭重的儀式。以實行所謂『厚其別』者。此等儀式。上下通行垂三千年。直至今日除都市中一部分人有所謂新式結婚外。全國猶率其舊。一切法制中效力之強蔑以過是矣。然當昏禮制定之前後。其時之婚姻狀況猶有一二當推論者。——

其一。社會學者言最初之婚姻起於掠奪。蓋男子恃其膂力掠公有之女子而獨據之。實爲母系革命之始。我國載籍中雖無明徵。然易爻辭屢見『匪寇昏媾』之文。其一曰『乘馬班如泣血漣如匪寇婚媾』。夫寇與昏媾截然二事。何至相混。得毋古代昏媾所取之手段與寇無大異耶。故聞馬蹄蹴踏有女啜泣謂是遇寇。細審乃知其爲昏媾也。爻辭據孔子所推定。謂『興於殷之末世周之盛德』。若吾所解釋不謬。則掠昏之風商周間猶未絕矣。卽據昏禮所規定。亦有痕跡可尋。如親迎必以昏夜。不用樂。女家三日不舉燭。其制禮本意皆不可曉。若以掠昏遺蛻釋之。則是掠者與被掠者兩造各求遏密焉耳。今俗亦尚有存其餘習者。如婿親迎及門。婦家閉門。婦家兒童嘗譁逐媒妁之類皆是。

其二。社會學者又言掠奪婚姻後。尚經買賣婚姻之一級。在我國古典中亦無確證。然昏禮納采納徵。納幣。皆以貨財爲禮。或亦由古俗蛻來。至如南北朝時門第之見。極重。寒門驟顯貴者。爭出重聘。攀援故家女爲婚。故家亦往往貪其利而就之。（看趙翼廿二史劄記卷十五財婚條）。此與現代美國富家女貪招歐洲零落貴族爲婿。事適相反。要之皆爲虛榮心所蒙。以貨財瀆婚姻之神聖也。明清律戶婚門下各條。關於婚姻訴訟。常以財禮之處分爲附帶條件。蓋今日鄉曲習慣對此猶極重視也。至「買妾」一辭。遠見曲禮。至今沿之。其爲財婚餘影更顯而易見。

其三昏禮主要精神在以父母之命媒妁之言莊嚴鄭重別嫌明微然婚姻之始果遵此嚴格的儀式而成立耶殆未必然歐西今俗男女率於婚前結愛國內苗族至今猶以踏舞合婚事人情不甚相遠我族初民恐亦爾爾其痕跡略可尋者則周禮媒氏職『以仲春之月會男女是月也奔者不禁』其或古代本以豔陽之節秉蘭贈芍合歡定情後聖制禮防淫曲爲之限然舊俗終有未可驟革者因於一年中設一月爲例外如築堤有閘資宣洩焉以毋使潰決未可知也

於此有當附帶說明之一種史蹟焉婦女貞操我族稱最然此恐秦漢以後爲然耳遠古勿論當春秋時文物郁郁不可謂野而左傳所載魯衞齊晉諸名國之公卿大夫淫辟之事更僕難數其甚焉者親族尊屬卑屬間上烝下報恬不爲怪如齊桓公有姑姊妹不嫁者六人衞宣公奪子伋婦晉惠公烝賈姬……等後世所目爲禽獸行者不絕於史冊則當時社會風紀之淩亂略可察也夫『男女無別則父子不親』魯桓公曰『同非吾子齊侯之子也』而桓亦遂死於齊難似此非社會之所以爲安固明矣秦漢以降此風漸革其原因蓋有二其一由儒家之昌明禮教也儀禮是否爲周初書本屬疑問卽爾而儒家誦習之本殆亦曾經孔子修訂故自儒學盛行而夫婦有別之倫理觀念入人日深而寖成風俗也其二由法家之嚴厲干涉也自秦之統一國家法律效力日强誅罰所加豪頑就範始皇會稽刻石云『……飾省宣義有子而嫁倍死不貞妨隔內外禁止淫泆男女絜誠夫爲寄豭殺之無罪男秉義程妻爲逃嫁子不得母咸化廉清……』夫以當時刻石紀功德而敍整飭男女風俗之事多至十二句約占全文五分一與滅六王壹宇內同侈爲美談則其重視此種設施可謂至極而收效之弘亦略可推矣

從婚禮儀式上觀察我國婚姻制度之主要精神其表現者有兩點

其一以婚姻爲舊家庭之擴大及繼續不認爲新家庭之創立故見舅姑廟見等儀節占昏禮主要一部分與新婿新婦相互間之儀節同一重視

其二絕對承認男女平等之原則記曰『妻之爲言齊也一與之齊終身不改』故自親迎至於合巹皆用平禮而尤以「男下女」之精神爲多

其三男女作合皆由父母或長親主之故六禮中除最後親迎一節外前此自納采以至納幣皆以父母爲主人

右三點除第二點無可疵議外第一第三兩點頗爲現代歐化東流所詬病平心論之極端的大家庭固不勝其敝然新舊家庭之聯屬嬗代在社會結構上實含有重大意義使新家庭經舊家庭若干時期之卵育訓練而始獨立其事蓋未可厚非至於作合之事自主與干涉其利害亦各有可言我國婚禮之素主干涉固由古代矯正風紀等不得已之故然其中頗含精意青年男女自擇配耦是否必適當在今日歐美尙爲問題若我國往日早婚之俗未成年無別擇力者更無論矣以優生學者眼光觀之茲事應苦心折衷者抑尤多也

關於婚姻年齡禮經無明文周官『媒氏掌萬民之判令男三十而娶女二十而嫁』而戴記所說皆略同而墨子節用篇則云『古者聖王爲法曰丈夫年二十無敢不處家女子年十五無敢不事人』此恐皆非有成法特儒墨兩家各自推論耳儒家從生理上作觀點漢書王吉傳『世俗嫁娶太早未知爲人父母之道而有子是以敎化不明而多夭』其言最爲合理墨家則從人口政策上作觀點越語記越王句踐令男二十女十七不嫁娶其父母有罪蓋務增殖人口也自漢以後早婚之風日盛而政府且常爲法令以助其燄漢惠帝令『女子十五

以上不嫁者五算。』（五倍其丁稅）晉武帝泰始九年制『女年十七父母不嫁者長吏配之。』唐太宗貞觀元年詔『男年二十女年十五以上無家者州縣以禮聘娶。』尤可駭者周武帝建德三年。唐玄宗開元廿二年。皆下詔以男十五女十三爲嫁娶期自宋以降雖罕見此項政令然至今民間習慣大率如墨氏所言。

在本節中最後當附述者爲妾媵制度之沿革。妾媵制由多妻制蛻變而來。多妻之來歷。其始起於權力掠婚時代。男子强有力者得多妻勢所固然。及父系確立以廣繼嗣之理由權力遂變爲權利。雖然嫡庶之名分未有聞焉。堯釐降二女於舜舜崩二妃未之從。不言其孰爲嫡庶也。殷制兄弟相及。見於卜辭中者無嫡庶之痕跡。契文雖有妾字。函義是否與後世合未敢言也。及周有天下定立嫡之制以弭爭。因子有嫡庶而母之嫡庶不得不預爲規定。以諸侯論有嫡夫人。有右媵。有左媵。嫡及兩媵又各有其姪與娣是爲九女（公羊傳隱元年何注）等而上之天子十二女。等而下之士庶人之一妻一妾。苟有二女同居者莫不別其名分。此周以後之制也。以爵級別妾數之多寡。此自階級制度時代之遺蛻。十二女九女由今視之訝其特權之優越。乃在當日或正所以限之使不得過十二與九之數耳。明律『民年四十以上無子者方能置妾違者笞四十。』則亦承認妾媵制而加以裁制也。

從人權上觀察。蓄妾制之不合理。自無待言。但以家族主義最發達之國。特重繼嗣。此制在歷史上已有極深之根柢。故當清季修訂新民律時頗有提議禁革者。卒以積重難返。且如歐律以無妾之故而僕僕於私生子之認知。亦未見其良。故妾之地位。至今猶爲法律所承認也。

離婚與再醮。在後世頗爲社會所賤。古代似不然。婦人有七出。而男子亦可爲出夫。齊太公是已。據檀弓所記。則以孔子之聖而三世出妻其事頗不可曉要之古代夫婦關係之固定似遠不逮今日也喪服有爲繼父之服則父死母嫁不以爲怪矣『有子而嫁』謂之背死不貞此秦之新制也然亦限於有子者而已

第三章　家族及宗法

婚姻既興父系斯立父古文作□說文云『家長率教者從又舉杖』（又卽右手）實則所舉之杖固以率教亦示威嚴也□與□形義皆極相近說文尹下云「治也從又丿握事者也」「父」所舉杖與「尹」所握事實同一物其後於「尹」下加口以表發令則爲「君」父之與君謂由一字孳乳而來可耳孝經曰『家人有嚴君焉父之謂也』父之本義如此卽家族制度所由成立也

家庭組織及其相互間權利義務關係遠古特別情形如何不可深考自周迄今原則上似無劇烈變化父之在一家尊無與二故喪服「父在爲母朞」明母不得匹父也（父母同服始自明洪武）然『父又爲長子三年』則重其繼父統也（此宗法時代之制漢後實際上已不適用）父母對於子女在古代殆純認爲所有品不承認其獨立人格舊約書中豔稱殺子祭天之事舊蠻夷傳中亦多載『殺長子謂之宜子』諸異俗我國自『敬敷五教』以後此種觀念固當久革然故書中載瞽瞍日以殺舜爲事尹吉甫賜子伯奇死雖乃涉神話抑可見父母擅奪子女生命固非稀見也及周公作康誥則云『於父不能字厥子乃疾厥子刑玆毋赦』與『子弗祗父服事』同一顯戮漢書賈彪傳記『小民因貧多不養子彪嚴爲其刑毆殺及愛憎而故殺者各減一等』唐律『以刃殺子孫者徒二年故殺者加一等』清律『子孫違犯教令而祖父母父母非理毆殺者處十等罰

故殺者徒一年』一般平等之原則究未適用也財產則『父母在不有私財』爲古禮所教唐律猶嚴『卑幼私擅用財』之禁蓋父在時常合一父所產之子若孫爲一家族單位析產而居目爲不祥此觀念至今未盡變且更有以四五世同居或百口同居爲美談者此皆上古父權之遺影也然賈誼言『秦人家富子壯則出分』則父在而子分居財產獨立自戰國時秦俗已然矣財產承襲在周代封建制組織完整時其貴族所有土田蓋皆歸襲爵之子故爭立之事在左傳數見不鮮若庶人之家則其制未聞漢以來貴族制漸消滅則兄弟均分遺產事屢見於史後代法令皆承認均襲之原則清律更詳爲規定云『分析家財田產不問妻妾婢生止以子數均分』故如近世英德俄諸國財產集中爵胄之制蓋革除幾二千年矣

各家庭相互間有大家族之聯屬組織焉此其事殆自然之勢起於遠古然加以人爲的規畫形成一大規模有系統之組織者則周代之宗法也

宗法與封建相輔周代封建制度在歷史上含有重大意義其詳已見政制篇然封建實籍宗法相維繫故研究封建興替之跡及其原因不能不對於宗法稍加說明宗法之制『別子爲祖繼別爲宗繼禰者爲小宗有五世則遷之宗有百世不遷之宗』(大傳文)『五世而遷之宗其繼高祖者也故祖遷於上宗易於下』(喪服小記文)今試以封建時一諸侯爲中心作簡單之解釋假定一諸侯於此生有三子其長嫡子襲爲諸侯餘二子不襲爵者謂之別子各自爲開宗之祖繼其世者謂之宗宗有大小大宗者此別子之長嫡累代襲繼者也凡此別子所衍之子孫皆永遠宗之其國一日不已則其家一日不絕故曰百世不遷之宗小宗者例如此別子復有三子其長嫡子繼世爲大宗餘二子復各自立宗繼之者謂之繼禰其所衍之宗謂之小宗小宗亦長嫡世襲其支庶亦代代劈立

小宗。宗之世襲法。大小一也。所異者。大宗則同此一「祖」所出之子孫永遠宗之。小宗則宗至同高祖昆弟而止。故曰五世則遷之宗。今爲圖以明之。

宗法圖

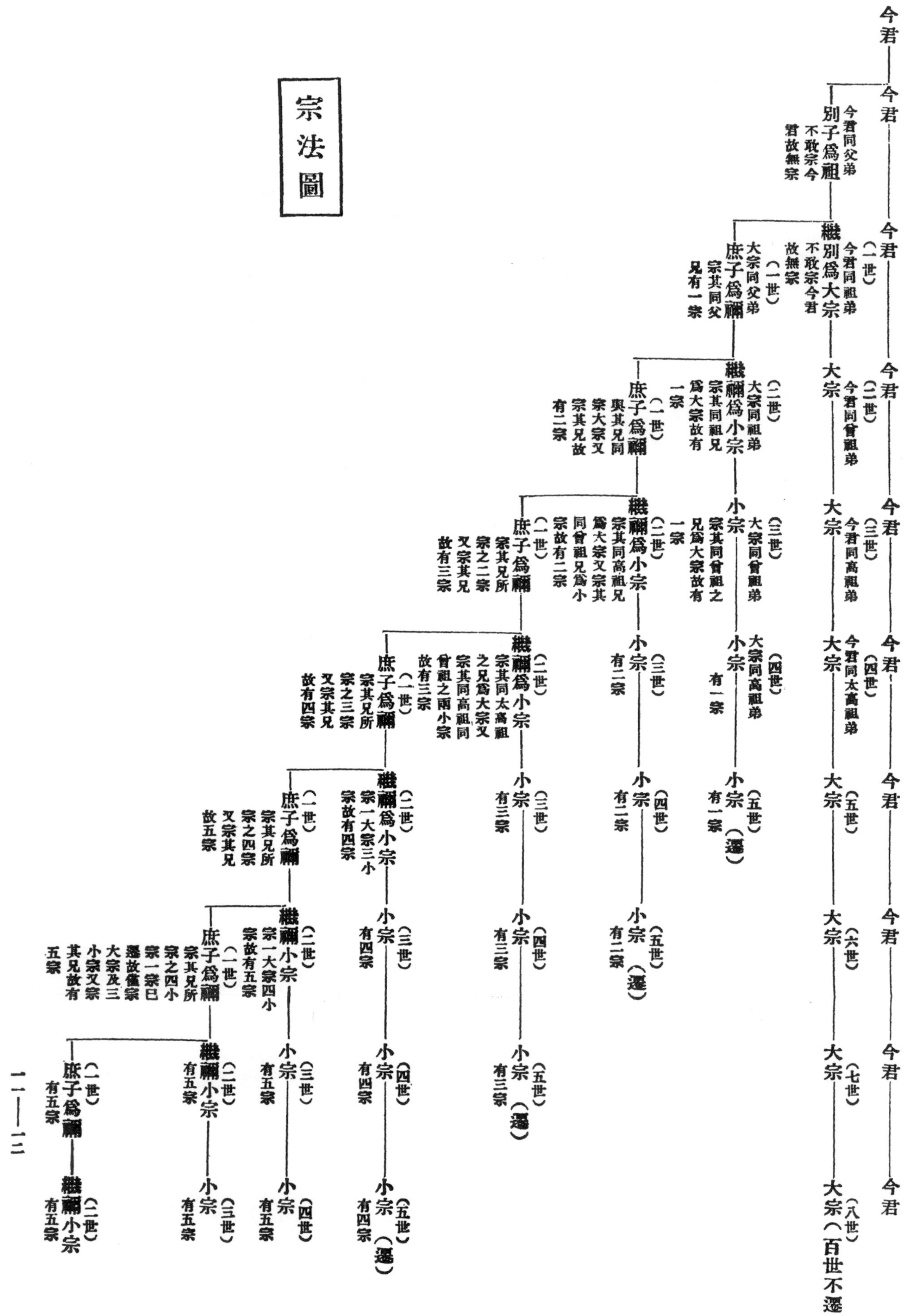
今君
今君
今君
今君
今君
今君
今君
今君
今君
今君
別子爲祖
今君同父弟不敢宗今君故無宗
繼別爲大宗（一世）
今君同祖弟不敢宗今君故無宗
大宗（二世）
今君同曾祖弟
大宗（三世）
今君同高祖弟
大宗（四世）
今君同太高祖弟
大宗（五世）
大宗（六世）
大宗（七世）
大宗（八世）（百世不遷）
庶子爲禰（一世）
大宗同父弟宗其同父兄有一宗
繼禰爲小宗（二世）
大宗同祖弟宗其同祖兄爲大宗故有一宗
小宗（三世）
大宗同曾祖弟宗其同曾祖之兄爲大宗故有一宗
小宗（四世）
大宗同高祖弟
有一宗
小宗（五世）（遷）
有一宗
庶子爲禰（一世）
與其兄同宗大宗又宗其兄故有二宗
繼禰爲小宗（二世）
宗其同高祖兄爲大宗又宗其同曾祖兄爲小宗故有二宗
小宗（三世）
有二宗
小宗（四世）
有二宗
小宗（五世）（遷）
有二宗
庶子爲禰（一世）
宗其兄所宗之二宗又宗其兄故有三宗
繼禰爲小宗（二世）
宗其同太高祖之兄爲大宗又宗其同高祖同曾祖之兩小宗故有三宗
小宗（三世）
有三宗
小宗（四世）
有三宗
小宗（五世）（遷）
有三宗
庶子爲禰（一世）
宗其兄所宗之三宗又宗其兄故有四宗
繼禰爲小宗（二世）
宗一大宗三小宗故有四宗
小宗（三世）
有四宗
小宗（四世）
有四宗
小宗（五世）（遷）
有四宗
庶子爲禰（一世）
宗其兄所宗之四宗又宗其兄故五宗
繼禰小宗（二世）
宗一大宗四小宗故有五宗
小宗（三世）
有五宗
小宗（四世）
有五宗
庶子爲禰（一世）
宗其兄所宗之四小宗一宗已遷故舊宗大宗及三小宗又宗其兄故有五宗
繼禰小宗（二世）
有五宗
小宗（三世）
有五宗
庶子爲禰（一世）
有五宗
繼禰小宗（二世）
有五宗

後世祖宗合爲一詞若祖即宗宗即祖者其實不然白虎通宗族篇云『宗尊也爲先祖主者宗人之所尊也』故祖者父道也宗者兄道也以事父之道事其祖以事兄之道事其宗則子無室者繼體之今君即其宗不敢兄君故無宗名耳自餘則人人皆奉一大宗而因其世次之尊卑兼奉一小宗至四小宗而止故謂之「五宗」凡宗人之於宗子皆事以兄道有一宗者其兄事者一有五宗者其兄事者五也

小宗五世而遷者何也記曰『親親以三爲五以五爲九上殺下殺旁殺而親畢矣』此義云何凡人之生多逮事其祖故愛敬其父若祖祖父並己身爲三代故言親以三起算愛其祖以及其祖之祖推之高祖而極高曾祖父並己身爲五故曰以三爲五上數四代下數四代（子孫曾玄）並己身爲九故曰以五爲九堯典所謂「以親九族」也愈上則愛愈殺愈下則愛愈殺平屬愈疏則愛愈殺故曰上殺下殺旁殺而親畢喪服之隆殺準此而立盡於高祖者推愛至此而極過此則不復爲親屬故祭祀則有四親之廟高祖以上『親盡則祧』而宗亦五世則遷也故以親則至小宗極矣大宗者則以廣其意非親之事而族之事也大傳曰『親親故尊祖尊祖故敬宗敬宗故收族』喪服傳云『大宗收族者也』故周禮言九兩繫民『五曰宗以族得民』大傳亦言『同姓從宗合族屬』謂大宗也

試假定一國君有三子其子復各有三子世世如是則至第三代時（此君之孫之時）此君所衍有三大宗第四代有三大宗六小宗第五代有三大宗二十四小宗似此除大宗固定不遷外小宗以三遞乘孳乳至十代其小宗之數多至何如假定繼世之君君亦各有三子累至十世其大小宗之數合計又多至何如而諸侯者則爲國之羣宗所共宗天子又爲王國內及羣侯國羣宗所共宗篤公劉之詩曰『君之宗之』傳曰『爲之君爲之

大宗也。』是天子諸侯雖無大宗之名而有其實也。諸侯與諸侯間亦各相宗。故虞公曰『晉吾宗也。』滕文公曰『吾宗國魯先君。』如是一國中無數小宗以上屬於大宗無數大宗以上屬諸侯。諸侯迭相宗而同宗天子。故亦「宗周。」層層系屬若網在綱。白虎通謂『大宗率小宗小宗率羣弟以紀理族人。』則社會上一大部分事業皆可以親睦的意味行之。由父系部落進爲「家族主義的國家。」其組織於是大完。

右所舉例國君同姓之宗也。異姓亦有宗。鄭玄注『別子爲祖。』謂『公子若始來在此國者。』則大宗之祖。以二種資格取得。一爲公子。一卽始遷者。第二種當兼同姓異姓而言：唐叔封晉分殷餘民懷姓九宗。懷姓卽隗姓。實狄族。則不必周同姓始有宗法可知。周制同姓不婚。則異姓之宗皆爲甥舅。故天子之於諸侯同姓稱伯父叔父。異姓稱伯舅叔舅。而原邑之民自謂『夫誰非王之昏姻。』則宗法又可以爲同異姓之連鎖。此家族政治之旁通也。

宗法以何時始衰壞耶。板之詩曰『宗子維城。毋俾城壞。』此幽王時詩也。憂其壞則其漸壞益可知。然春秋初年『翼九宗五正逆晉侯。』則宗法與政治之維繫尙甚密切也。春秋之末。其郛郭確猶存在。叔向云『肸之宗十一族。』謂一大宗下有十一小宗也。自戰國以後其痕跡遂不復見。

秦漢間存宗法之遺蛻者。則「爲父後」之制是也。就今世普通觀念論。則凡人子未有不後其父者。宗法時代不然。惟長嫡謂之爲父後。支庶則不謂之爲父後。西漢文景以前詔書『賜爲父後者爵一級』之文屢見。可見彼時此種分限猶甚明。實宗法之殘影也。武昭宣以後漸稀見。東漢則幾絕矣。今日影中之影。則惟服制中之承重孫。以長嫡孫爲喪主。諸父雖尊屬而不敢先者。宗人不敢先宗子也。服制爲宗法時代產物。今社會組織已劇變則此亦等於無意義而已秦漢以後之社會非宗法所能維持故此制因價值喪失以致事實上之消滅然在周代既有長時間之歷史儒家復衍其法意以立教故入人心甚深至今在社會組織上猶有若干之潛勢力其藉以表現者則鄉治也別於彼章論之

第四章　姓氏 附名字號諡

今世姓氏同物古則不然鄭樵云『三代以前姓氏分而爲二男子稱氏婦人稱姓』(通志氏族略序)此實錄也以社會眼光觀之亦可謂姓爲母系時代產物氏爲父系成立以後產物姓久已亡今所謂姓皆以氏而冒稱耳

姓之見於經傳及故書者如姚、姒、子、姬、姜、嬴、嬀、風、己、祁、任、弋、庸、姞、曹、董、荀、嬉、嬛、妘、伊、酉、隗、芊、曼、熊、偃、允、歸、漆……等屈指可數(所舉容有遺漏但全數考出之殊不難)吾儕可認爲母系時代遺物至春秋猶存者其間最可注意者則神農之後爲姜姓而姜戎氏來自瓜州似屬西羌族而亦爲姜姓是否同出一母系抑姓之函義已變未敢斷定而南方之姓如芊如曼西北方之姓如隗等其得姓之由是否與諸夏同皆無可考要之姓之來由遠在初民時代國語云『使名姓之後能知上下之神祇氏姓之所出者謂之宗』則姓或含有神祕的意味與神祇同原後世謂姓由古天子所賜者(左傳天子建德因生以賜姓)殆臆度之詞耳

氏蓋部落之稱古帝皇伏羲氏高陽氏高辛氏陶唐氏有虞氏等諸臣如祝融氏共工氏有扈氏有窮氏大彭氏豕韋氏等皆非一人之私名而部落之共名也此類之氏蓋與父系共生莫知其所自來及封建制行而氏日孳

乳。鄭樵氏族略推考得氏之由。凡三十有二類。雖分類不免瑣碎。而取材蓋云極博。左傳云。『天子胙之土而命之氏。諸侯以字爲氏。因以爲族。官有世功則有官族。邑亦如之。』案此。知周代受氏之途有四。其一。天子以命諸侯。以國爲氏。管蔡成霍魯衛毛聃……之類是也。故春秋踐土之盟。書曰。晉重、魯申、衛武、蔡甲午、鄭捷、齊潘、宋王臣、莒期。晉重者。晉文公重耳。魯申者。魯僖公申也。此爲氏之最尊貴者。所謂『胙之土而命之氏』也。然春秋後出奔他國。亦有以國爲氏者。如陳敬仲在齊爲陳氏。宋朝在衛爲宋氏。衛鞅在衛秦爲衛氏是也。其二。侯國之支庶。以王父字爲氏。其得氏始自大宗小宗之第三代。繼祖父者。諸侯之子稱公子。公子之子稱公孫。皆無氏。公孫之子。則以公子之字爲氏。魯公子無駭字子展。隱公命其後以字爲展氏。宋孔父嘉之後爲孔氏之類是也。晉羊舌肸稱肸之宗十一族。族卽氏也。蓋避胙土命氏之名。故諸侯所命不曰氏而曰族。其實則一焉。左傳所謂『因以爲族』也。其以祖父之謚或排行爲氏者準此。其三。世其官者。則以官爲氏。司徒司馬司空之類是。所謂『官有世功則有官族』也。其人不限於懿親。亦不限於舊家。雖羈旅疏賤者。皆能以功得之。凡以技術得氏。如巫。如屠。如甄。如漆雕等準此。其四。則受有采邑者。以邑爲氏。如周之祭尹蘇劉單魯之臧郈等。皆是所謂『邑亦如之』也。其人不必以親。亦不必以功。惟天子諸侯所欲命而已。自二至四之三種。嚴格的正其名。當謂之族。其後亦通稱爲氏。後世之氏。其來由罕出此四種外者。

此類之氏。與封建宗法相輔。是否爲周以前所曾有。蓋不可知。然殷墟契文中尙不見有氏字。恐其名實始周代。古部落之稱氏。或周人比附而追命之耳。氏旣由於錫命。則非普及可知。鄭樵曰。『氏所以別貴賤。貴者有氏。賤者有名無氏。今南方諸蠻。此道猶存。古之諸侯詛辭多曰。「墜命亡氏。踣其國家。」明亡氏則與奪爵失國同也。

』此論甚是。叔向謂『其宗十一族。惟羊舌氏在。』豈其餘十族皆絕嗣、亦但亡其氏。等於齊民耳。由此言之。則氏也者實貴族政制時代特殊階級之徽識也。

歷戰國以至秦漢。貴族埽跡。自是無人不有氏。氏不復爲特權。漢以後亦復罕新創之氏。今日之氏。什九皆襲自周世者也。其間有因避諱而改姓。或帝王惡其人而改以惡姓者。其事甚希。且不久卽或復或廢。又如元之廉希憲本西域色目人。生時其父適官廉訪。遂取姓曰廉。清初理寒石本姓李。因恥與李自成同姓。自改姓理。此類創造新姓氏之例。史甚罕見也。

古者姓氏異撰。世本曰『言姓則在上。言氏則在下。』蓋自述其作譜之例。姓氏並舉。以姓列上格。以氏列下格也。混姓氏爲一譚。自史記始。其本紀於秦始皇則曰『姓趙氏。』於漢高祖則曰『姓劉氏。』後世傳記譜牒皆沿其稱。在古則爲不詞矣。四裔諸族所謂姓氏。其性質與周制氏族不同。而與古代以部落爲姓氏者相近。例如回鶻九姓。月支之昭武九姓。拓跋鮮卑初期之九十九姓。實皆部落也。至如北魏之河南宮氏志記獻帝『七分國人。使兄弟領之。』因有紇骨、普、長孫、達奚、伊婁、丘敦、俟之七姓。北盟會編記『女貞至唐末部領繁盛。設三十首領。每領一姓。遞三十姓。』所謂姓者。全不含血統的意義。亦非因原有之部落狀態。而用人爲的部勒分隸。與華夏立姓之旨相去益遠矣。近代蒙古滿洲入主中原。雖亦各有姓。而不以姓行。蓋其視姓不如漢族之重也。

自魏晉以後。民族移轉。舊姓系統益紊。如金日磾本匈奴。漢武帝取休屠祭天金人之義。賜姓金。劉淵石勒皆匈奴種。而有漢姓。淵卽位告天。且祀漢高、光武、昭烈爲三祖焉。元魏孝文嚮慕華風。力求同化。凡鮮卑姓皆改爲漢姓。如拓拔之爲元。賀魯之爲周等。通志氏族略（卷三十葉十二至十五）所載凡百四十五姓。金代亦改女眞姓爲漢姓。如完顏之爲王。烏古論之爲商。見於輟耕錄卷一葉七者、凡三十一姓、唐宋兩代。賜異族降王降將姓李姓趙者。更僕難數。

又明洪武元年詔禁胡姓。九年以火你赤爲翰林編修。更姓名曰霍莊。取火霍音同也。永樂中賜姓益多。如把都帖木兒賜姓名吳允誠。倫都兒灰名柴秉誠之類。其後蒙古色目人多有不待奉詔而自改者。又民國肇建以來。滿洲人什九皆戴漢姓。故今之姓氏。其實質益異於古所云矣。

稱氏而繫以郡望。漢末頗有之。六朝以後益大盛。王則琅玡太原。李則隴西。盧則范陽。崔則博陵……如是凡氏皆繫以郡。其原蓋起於季漢之亂。士民遷徙流亡。不忘故土。及五胡之難。晉室南渡。中原故家之過江者。常懷首邱之思。故郡望在南朝尤重焉。其寖行於南北朝者。固一時風氣所播染。或亦因元魏改姓。而土著故家。翹其郡望以示異。未可知也。唐以前譜牒嚴明。如新唐書言『河南劉氏本出匈奴之後。劉庫仁』。『柳城李氏世爲契丹酋長』。『營州王氏本高麗』之類。郡望蓋截然不可混。五代以後譜學失修。郡望亦幾等於無意義。如吾梁氏最初見於載籍者爲晉大夫梁泓梁益耳。左傳著焉。今諸梁之郡望皆曰安定。舉國同之。自表晉產也。然元魏改姓則拔烈蘭氏爲梁氏。諸梁悉安定耶。抑亦有拔烈蘭耶。是未易言也。

歷代命名之沿革。亦有可言者。史記言堯名放勛。舜名重華之類。恐非事實。吾意遠古命名多屬複音字。此當於語言文字篇別論之。殷代命名皆以甲乙丙丁等干支字。見於契文金文者什九。如此大抵以其生之日爲名也。此種名在社會簡單時。各個人及各家族間交涉稀疏。尚可適用。在複雜進化之社會。其不便甚矣。入周而命名範圍日益廣。太廣之結果。患其猥雜。於是禮家示以限制。如「不以國。不以日月。不以官。不以器物。不以畜牲」之類。凡所以便於識別。毋使與他種名稱相混。抑又取便於諱也。至孔子作春秋。則有『譏二名』之義。故仲孫何忌書曰忌晉侯重耳書曰重魏曼多書曰多然此義似非創自孔子晉文公名重耳而祝鮀述踐土之盟其載書止曰晉重（左傳定四年）曹始封君叔振鐸而僖負羈稱先君叔振（晉語）則春秋初期固有此種稱謂意蓋欲使文字趨簡易便於記憶傳寫耶秦漢間則喜用吉語爲名急就章之『宋延年鄭子方衞益壽史步昌周千秋……』此小學讀本之示例可見一時風尚漢書中此類人名如孔安國李延年霍去病田千秋……之類可徵也東漢儒學昌明實行譏二名之制試繙後漢書列傳除方術傳中有六人用二名外（此六人恐亦佚其名而舉其字）自餘皆單名無一雙名者此甚可注意也魏晉以降無甚可紀其最特別者則元代命名率皆用排行或於排行上冠一字此在史傳中不甚可考見試稽各家族譜則什有九皆如是此實命名之一大退化其原因何在吾尚未明更待研索

名之外復有字自周始也『周人以諱事神名終將諱之』諱名不可無以爲代字之起蓋緣此其後文勝益甚不待身後乃始諱名是故『幼名冠字五十以伯仲』禮家釋其義曰『冠而字之敬其名也』是知凡成年者之待遇皆以直斥其名爲慢矣故維『父前子名君前臣名』欒鍼在晉侯前其父曰『書退』知罃對楚子稱其父曰『外臣首』之類是也自餘平輩率相呼以字此風似起於西周末而盛於春秋周初或不爾爾周公太公史家皆不能舉其字召公名奭周公尊稱之亦僅曰「君奭」可見當時未有字也宗周之末方叔吉甫等似是字然其名又無可考爲名爲字尚難斷言至春秋而士大夫無不以字聞矣

不惟男子有字也女子亦有之曲禮云『男子二十冠而字女子許嫁笄而字』說文女部下自嬬至奻十三字皆注曰「女字」而彝器之中女子之字可考見者十有六（王國維觀堂集林卷三女字說）知周時盛行矣男子之字曰「某父

」「父亦通作甫。」如正考父、仲山甫等是。說文甫下云『君子美稱也。』女子之字見於彝器者多曰某母。則「母」其女子美稱也。至春秋時則多取名字相覆王引之春秋名字解詁而冠以「子」字或伯仲叔季等倫次。如顏回字子淵。曾點字子晳。孔鯉字伯魚。仲由字季路等。漢人則多用公卿為美稱。如何休字邵公。趙岐字邠卿等。實際上其所謂「字」僅一字也。漢人亦有省去「甫」「子」「公」「卿」諸美稱而專用一單字為字者。如袁盎字絲。匡衡字鼎之類。至唐猶有效之者。如顏師古字籀。以二字為名而以一字為字。最詭異矣。

古之敬稱以字為最矣。故儀禮載祭祝之詞。皆字其祖禰。子思字其祖曰仲尼。子貢字其師曰仲尼。至後世文勝日甚。乃有以字為不足以展敬。而更以別號相呼者。其始蓋起於逃名避世之士。如春秋末范蠡在齊號鴟夷子皮。在陶號朱公。戰國時有鬼谷子、鶡冠子之類。漢初則有商山四皓綺里季角里先生等。至今莫能舉其姓氏。自晉至六朝而葛洪號抱朴子。陶潛號五柳先生。陶弘景號華陽隱居。是為自標別號之始。然尚含肥遯自晦之意。至唐而寖濫。如賀知章號四明狂客。元稹號漫郎。陸龜蒙號天隨子。張志和號元眞子之類。文人以為名高矣。至宋而益濫。文人莫不有號。如六一、老泉、半山、東坡等。講學之風漸起。尊其師者必曰『學者稱為某某先生。』如濂溪明道之類是。自茲以往。某齋某軒等稱號。偏於賈豎矣。又古者於達官尊之則稱其官位。至明中葉又以別號不足為敬。官位不足示異。乃至以籍貫之稱代人稱。如張居正曰江陵。嚴嵩曰分宜。末流猥濫益甚。貴溪夏言烏程溫體仁宜興周延儒武陵楊嗣昌等名詞。紛形諸公私文牘。有如隱謎。不知所指。此風披靡。於今為烈。曾湘鄉兄終弟及。李合肥父沒子襲。下如袁項城黎黃陂之流。皆各專其縣。甚者徐世昌以郡望而稱東海。孫文以冒日本姓而稱中山。『名不正則言不順。』莫此為甚矣。

『死而謚。周道也。』後世謂為易名大典。周制『稱天而謚』。美惡必以實。『名之曰幽厲。孝子慈孫不能改。』故周書謚法篇惡謚不少。及秦始皇以為『臣子議君父不道』。廢之。漢興而復。迄淸季不替。民國建乃革焉。淸制惟一品以上例得謚。以下特賜。然謚有美無惡。非古意矣。私謚之風起於東漢。至今猶有行者。

右名字號謚等於社會組織無甚關係。因述姓氏類及之。

第五章　階級（上）

『物之不齊。物之情也。』歷史上無論在何時代。其人民恒自然分為若干階級。近世歐美以平等為法律原則。然而貴賤階級廢。貧富階級興焉。故階級者人類社會所不能免也。其在今日以前。則階級最顯之標識。一曰貴族與平民。二曰平民與奴隸。中國人在全世界諸民族中。可謂最愛平等之國民也。自有成文史籍以來。嚴格的階級分別。即已不甚可見。彼印度至今猶有釋迦時代四級之遺跡。西歐各國在法國大革命前。貴族僧侶之特權至為優越。日本明治維新前。尚有「穢多」「非人」諸名稱。美國當南北戰爭前。奴隸之待遇。非復人道。俄國當蘇維埃革命前。大多數人民皆在農奴狀態之下。求諸我國。則春秋時代已不復能覩此痕跡。前此有無則不可深考。後此雖有一二時代裂痕頗著。然其地位不如他國之固定。且不久而原狀旋恢復。故階級之研究。在中國史上所占位置。不如歐美各國史之重。但其沿革亦有可言者。

三代以降。「百姓」與民之兩名詞。函義如一。在遠古似不爾。爾堯典『平章百姓』與『黎民於變時雍』。對舉。又以『百姓不親』與『黎民阻飢』對舉。是百姓與民異撰。楚語述觀射父釋百姓之義曰『王公之子弟之質能言能聽徹其官者而物賜之姓以監其官是爲百姓』呂刑『苗民弗用靈』鄭玄注云『苗九黎之君也此族三生凶惡故著其氏而謂之民民者冥也言未見仁道』夏曾佑據此諸文因推定古代漢族征服苗族後自稱其族曰百姓而謂所征服者爲民故民之上繫以黎或以苗因謂「百姓」與「民」爲兩大階級之徽幟此雖近武斷然遠古社會或如是也

階級制度成立之主要條件有二一曰將全社會之人畫分爲統治者與被治者之兩級永溝絕而不能相通二曰此兩級人不通婚姻各保持其血統勿使相混我國古代之貴族平民似不爾爾第二條件三代前不知何如就左傳所記春秋時狀況殊不見有隔絕的痕跡蓋春秋貴族什九皆自王侯支派衍出而周制同姓不婚其匹耦自不得不求諸本族以外原邑之民自言『夫誰非王之婚姻』可見婚姻範圍普及於士庶也最爲顯證者晉文公及趙盾之母皆戎狄異族盾母尤爲俘虜之女則婚姻不甚拘門第可知尤當注意者爲妾媵制妾子身分古來公認而妾更絕對的無門第可言故階級血統不能嚴畫者勢也其第一條件則堯典稱『明明揚側陋』孟子稱『傅說舉於版築膠鬲舉於魚鹽』此皆言起微賤可以爲君相雖或後史追述比附之詞然現存夏殷史料中亦迄無平民不能執政之反證周初專門之業則有世官酬庸推恩亦有世祿而世卿之制未聞故周公太公皆武王時三公而顧命所載成王時六卿則周公太公之子不與焉荀子（王制篇）所謂『雖王公士大夫子孫不能屬於禮義則歸之庶人雖庶人之子孫能屬於禮義則歸之卿相士大夫』其爲儒家理想之言耶抑周之開國規模實如是未可知也

降及春秋則確爲我國貴族政治極完整之一時期各國政權率歸少數名族之手例如周之周氏、召氏、祭氏、單氏、劉氏、甘氏、尹氏、魯之仲孫氏、(即孟氏)叔孫氏、季孫氏、臧氏、郈氏、展氏、晉之韓氏、趙氏、魏氏、范氏、(即士氏)荀氏、(後分爲中行氏)(知氏)欒氏、郤氏、胥氏、先氏、狐氏、齊之高氏、國氏、鮑氏、崔氏、慶氏、陳氏、宋之華氏、樂氏、皇氏、向氏、鄭之良氏、游氏、國氏、罕氏、駟氏、印氏、豐氏、衛之石氏、甯氏、孫氏、孔氏……春秋二百四十年之史蹟、雖謂純由各國中若干族之人物的活動構成焉可也。

春秋各國雖大部分同施行貴族政治、然各國發達之路徑及構成之形式亦各自不同。試舉其要點如下。

一、各國中之大多數、皆政權全移於貴族、而君主等於守府。如周魯齊晉宋衛鄭……等皆是。就中最特別者爲楚國。執政雖常用貴族、至君主黜陟生殺之權、迄未旁落。如令尹子玉、子反、子上、子辛、子南、皆以罪誅黜。

二、以前項理由、故各國貴族之執政者、多由前代親貴膺襲而來、與現代之王室公室或緣屬甚遠、其地位則隨其身分而自然取得。楚國執政之貴族、大率爲時主之子若弟、若王子圍子囊等、或血統甚近、否則由時主在名族中如鬬氏、薳氏、成氏、陽氏之胤、量才特拔。故含尚賢之意味較多。

三、諸國貴族、率皆公族——即由累代之公子派衍而來者。若楚、若魯、若宋、若鄭、殆皆無例外。惟晉最特別。晉自經驪姬之難、『詛無畜羣公子』、故文襄之子、皆斥遣在外。終春秋之世、無晉公子與於盟聘之役。執政更無論矣。晉之貴族、皆獻文兩代功臣子孫、而公族乃無一焉。齊則折衷兩者之間。國、高、崔、慶皆公族、管、鮑、陳、則他族也。

四、有以一族爲諸貴族之領袖、世掌最高政權者。例如魯之季孫氏。在此種制度之下、或畫出政務之一部分專屬某族。例如魯之叔孫氏、世爲行人。凡外交事皆專責焉。

五、有以若干貴族輪掌最高政權，以年輩取得領袖資格者。如晉自荀林父以後，士會、郤克、欒書、韓厥、知罃、荀偃、士匄、趙武、韓起、魏舒、范鞅、趙鞅，以次洊升，其資格為衆所公認，殆無爭議之餘地。又如鄭之歸生、子良、子罕、子駟、子孔、子展、伯有、子皮、子產、子太叔，以兄弟叔姪之倫次遞升，亦殆無爭議餘地。在此等制度之下，各貴族皆有取得政權之均等機會，故爭相淬厲以養令名。又凡任執政者，皆久為諸先輩之副貳，隨習以諳練政務，故於貴族政治中最稱完美焉。

六、治政之重心有常集於一國之中央，而由一貴族或數貴族總攬之者，如楚、如齊、如宋、鄭，有散於各地方，而由數貴族分領之者，如魯、如晉。故魯之後析為費國，（費惠公見孟子）而晉為韓趙魏三家所分。

春秋對貴族政治之內容大略如此。其最與歐洲異者有三點：其一、無貴族合議之法定機關，如羅馬之元老院者。雖國之大事，亦常集衆討論，然大權實在國君或執政，與議者備諮詢而已。故歐產之議會政治，在我國歷史上絕無前例可以比附。其二、貴族平民之身分，乃相對的而非絕對的。其三、貴族平民享有政治權之分限，亦相對的而非絕對的。以此二因，故歐洲貴族政治之基礎堅牢而久續，我國則脆弱而易破壞。故歐洲受貴族政治之禍極烈，我國則較微。右第一點事實甚易見，二三兩點須稍附以說明。

春秋最顯之貴族，皆起自中葉以後。如魯之三桓，皆桓公子孫，閔僖之際始執國命。晉諸卿之興，亦略與同時。鄭之七穆，皆穆公子孫，起於文宣以降。前此豈無貴族，蓋已代謝夷為齊民矣。晉諸卿之興替最為顯例，叔向謂『欒、郤、胥、原、降為皂隸』。此四族者，僖文間最赫赫者也，不及百年，至昭定間則已若此，則貴族之與平民非畫然有鴻溝不可逾越也明矣。

諸國之最高執政—卽所謂「正卿」。誠爲貴族之獨占權利。自「次卿」以下。則各國皆取開放主義。惟才是求。例如管仲家世雖不可深考。然『少時嘗與鮑叔賈』。則其出於微賤可知。其相齊也。名分雖居『天子二守國高』之下。事實上則政皆彼出焉。又如孔子。在宋雖爲貴族。入魯則『吾生也賤』。嘗爲委吏乘田。等於庶人在官者。然亦嘗官司寇。亞三桓一等耳。晚年且有「國老」之號。又如陳敬仲奔齊以『羈旅之臣』。官僅工正。而其胤乃專有齊國。又如晉諸大夫。聲伯歷畢苗賁皇以下若而人。謂『唯楚有材晉實用之』。此皆乙國亡命羈賤顯貴於甲國者。可見平民在政治上之地位。其與貴族不平等者實至有限也。

春秋時始終不見有貴族政治痕跡者。惟一秦國。秦之史蹟。除穆康兩代左傳稍詳外。餘均闕如。然據他傳記所述。則由余百里奚諸名相。皆起於異邦賤族。秦不惟無世卿之制。其名族亘數代者。於史絕無徵焉。降及戰國。則商鞅張儀范雎以下。爲李斯諫逐客書所列舉者。皆客卿也。蓋秦崛起西陲。文化遠在中原之下。欲求自立。不得不借才異地。貴族制之不適用。勢使然也。然秦旣以此致强。而貴族制至春秋之末亦已不勝其敝。故入戰國而諸國皆「秦化」。貴族埽地盡矣。

貴族階級消滅之原因有三。

一由學問上。前此學問皆在官守。非其人則無所受。才智之士。集於閥閱焉。春秋前後。故國滅亡者接踵。其君其卿大夫皆變爲平民。各國內亂之結果。要人或亡命他國。或在本國失其爵氏。則亦變爲平民。於是平民中智識分子日多。與貴族相敵。繼以孔墨兩大師以私人講學。弟子後學徧天下。百家趨風而起者且相望。於是學問之重心。自學府移於民間。勢力隨才智而遞嬗。理固然也。

二由生計上。前此惟農是務。春秋戰國間而商業勃興。農民樸魯不喜事。商則機敏趨時。故『子貢廢著鬻財於曹魯之間。結駟連騎以聘享諸侯。所至國君無不分庭與之抗禮』。呂不韋『居奇貨』操大國君主廢立之柄。爲平民階級中有商人發生。此階級之所以增重也。

三由政治上。各國並立。以人才之多少爭强弱。魏以失商鞅故見弱於秦。於是卑禮厚幣以招賢者。燕築黃金臺以羅致樂毅劇辛之徒。齊則稷下先生比列卿者以百數。至如四公子門下。雞鳴狗盜監門賣漿之輩。皆備致敬禮而獲其用。蓋自秦以用客卿致强。各國承流而處士聲價遂隆隆日上。當時諸國中雖仍有保貴族之餘蛻。如齊之諸田。楚之昭屈景。魏趙之信陵平原等。然皆紆尊降貴。不敢以寵位驕人。政治活動區域。卒全爲平民階級所占。

豪傑亡秦。猶共戴楚義帝而立六國後。徇諸地者。咸以其故家遺族相號召。人情狃於所習。數百年爲民之望者。其勢固歿而猶視也。然而韓成魏豹田儋田廣之徒。皆一瞥旋滅。卽「世爲楚將」之項氏。亦不過爲新朝作驅除難而漢高以泗上亭長率其鄉里刀筆小吏與草澤驍雄。不數年而奄有天下。貴族之運。遂隨封建而俱絕。秦漢之際。除奴隸外。一切臣民皆立於法律平等的原則之下。其有爵位者之秩祿章服特予優異(除諸侯王公主以宗親享若干特權外)則以賢以功。人人可以得之。故不能目爲階級。其待遇略涉歧視者。惟秦末發卒謫戍賈人與贅壻獨先。漢高帝時禁賈人不得衣繡乘馬。惠帝時令賈人與奴婢倍算。哀帝時禁賈人不得名田。似終兩漢之世。賈人身分在法律上受特別限制。若於漢制中勉求所謂階級者。惟此爲差近耳。

至六朝而有變相之階級——卽所謂族望門第者興焉。至唐中葉以降始漸消滅。其起因蓋有二。一由選舉制度之變更．一由民族大移徙之識別．

兩漢選舉由郡國守相行之．及魏而改用「九品中正法．」立專官以司鄉評．造冊籍為選舉標準．其官在州曰大中正．郡曰中正．州有主簿．郡有功曹．自晉以來．皆以土著之豪右任之．與奪高下．出其手．結果乃至『下品無高門．上品無寒士．』所謂世族者．當其入仕之始．已居清要．起家為散騎侍郎．祕書郎．著作郎等．平流而致公卿．寒門則起外郡小吏．累歲不能遷一階（漢制入仕者大率起家郡曹掾．考績優異．乃察舉孝廉．入為郎．罕有躐進者．』以故貴者日益貴．賤者日益賤．寖假乃如鴻溝之不可踰越．階級之生．實由於此．

然則高門寒門之分何自起耶．舊史蓋未嘗質言．以吾推之．則漢末及五胡時代民族移轉．至少當為構成門第重要原因之一．唐書云『過江則為「僑姓．」王謝袁蕭為大．東南則為「吳姓．」朱張顧陸為大．山東則為「郡姓．」崔盧李鄭為大．關中亦號「郡姓．」韋裴柳薛楊杜首之．代北則為「虜姓．」元長孫宇文于陸源竇首之．』此所述雖唐時情狀．然其來蓋久．東晉南渡．中原士夫隨而播遷者．翹然自表異．而孫吳以來．故家久在吳會者．亦不肯相下．故江左有僑姓與吳姓對抗．五胡之難．異族侵入．偏於河北．土着之民．欲自表為神明遺胄也．於是乎有郡姓．郡者示異於種落也．魏孝文自代遷洛．盡改漢姓．於是乎有代北之國姓．虜姓云者．唐人名之云爾．南之僑吳．北之郡國．各張其右族以相援繫．族愈大者．其享受特權愈優越．此則後此甲姓乙姓丙姓之名所由生也．

六朝階級界限之嚴．求諸古今．曾無倫比．寒人雖躋貴要．其在交際場中．曾不能與高門齒．右軍將軍王道隆權重一時．到蔡興宗前．不敢就席．良久方去．興宗亦不呼坐．到溉執政．何敬容語人曰『溉尚有餘臭．遂學作貴人．』

』甚至積重之勢。雖帝者亦莫能易之。宋文帝寵宏興宗。謂曰。『卿欲作士人。得就王球坐。乃當判耳。若往詣球。可稱旨就席。』及至。宏將坐。球舉扇曰。『卿不得爾。』宏還奏帝曰。『我便無如此何。』紀僧眞顯貴。啓宋孝武帝求作「士大夫。」帝曰。『此事由江斅謝瀹。我不得措意。可自詣之。』僧眞承旨詣斅。登榻坐定。斅命左右。『移吾牀遠客。』僧眞喪氣而退。告帝曰。『士大夫固非天子所命。』及唐太宗命高士廉等參稽譜牒。刊正氏族。而崔氏猶爲第一。太宗列居第三。門第思想之倔强不可拔也如此。

其所以致此且持久不壞者。其主要原因則在不通昏姻。魏太和中。嘗定望族七姓子孫迭爲婚姻。（見唐書李義府傳）南朝曾否有此規定。雖不可深考。然以習俗覘之。想亦當爾爾。趙邕寵貴。欲强婚范陽盧氏。盧母不肯。攜女潛匿外家。崔巨倫姊眇一目。其家議下嫁。巨倫姑怒曰。『豈可令此女屈事卑族。』侯景稱兵犯闕。生殺由己。欲請婚於王謝。梁武帝曰。『王謝門高。可於朱張以下求之。』景亦終不能奪也。及唐初作氏族志。黜降著姓。然房玄齡魏徵李勣輩。猶以得婚崔盧諸族爲榮。李義府爲子求婚不得。乃奏禁焉。其後轉益自貴。稱「禁婚家。」男女潛相聘娶。朝廷末如之何。至文宗時。欲以公主降士族。猶以爲難。乃下詔曰。『民間婚姻尙閥閱。我家二百年天子。反不若崔盧耶。』則右族之高自矜異。蓋可想矣。蓋六朝階級之見。入唐雖稍殺。直至五代始全消滅也。（趙翼陔餘叢考卷十七六朝重氏族條譜學條）

以種族區別階級。征服者常享特權。不與被征服者齒。此歷史上常例也。晉世五胡之亂。劉石苻姚輩。類皆保塞種人。久居內地。名爲異族入主。實則與草澤英雄崛起者無異。且其戶口稀少。不能造成一特別階級。故影響於社會組織者甚微。鮮卑之慕容拓跋宇文諸氏。皆塞外大部落。其勢可以造成階級。然慕容之侵入也以漸。其先固已爲晉室之藩臣編戶，次第同化，拓跋自孝文以後，慴慕華風，且以自標其種爲恥，其種人亦往往不樂內遷。宇文氏則中衰而復興，復興後心醉漢化尤甚，方且以步趨成周爲事，以故終六朝之世，除北齊高氏稍蔑視漢人外，實無種族的階級之可言，有之則自金元以後也。

金之本俗，管軍民者有「穆昆」，譯言百夫長，穆昆之上有「明安」，譯言千夫長，及有中原，慮士民懷貳，始創屯田軍，凡女直奚契丹之人，皆自本部徙居中州，與百姓雜處，屯田之所，自燕南至淮隴之北皆有之，亦謂之明安穆昆，種人與漢民蓋顯分畛域，世宗慮種人爲民害，乃令自爲保聚，其土地與民犬牙相入者，互易之，其後蒙古兵起，種人往戰輒敗，主兵者謂所給田少，故無鬬志，乃括民田以給之，其所享特權，率類是，終金之世，明安穆昆之衆，別爲一階級，居征服者之地位，及宣宗南渡，盜賊羣起，民報夙讎，不三二日間，屠戮淨盡。（趙翼廿二史劄記卷廿八明安穆昆散處中原條、金末種人被害之慘條）

金分人民爲三級，曰種人，曰漢人，曰南人，漢人謂先取遼地時所得戶籍，南人則繼取宋山東河南地之人也。元分四級，曰蒙古人，曰色目人，曰漢人，曰南人，色目人指成吉思以來，平定西域所收之種落，自葱嶺東西以迄歐洲，其範圍至廣，其滅金時所得，則曰漢人，滅宋時所得，則曰南人，據輟耕錄稱漢人八種，一契丹，二高麗，三女眞，四竹因歹，五朮里闊歹，六竹溫，七竹亦歹，八渤海，而眞漢人反不與焉，豈凡金之遺民在中原者，概以女眞目之耶。

政治上權利之差別，金制對於漢人南人，尙不甚歧視，元制則分別綦嚴，蒙古人最優，色目次之，漢人次之，南人最下，元史百官志序云：『世祖定制，總政務者曰中書省，秉兵柄者曰樞密院，司黜陟者曰御史臺，其次在內者有寺有監有衛有府在外者有行省行臺宣慰司使廉訪使其牧民者曰路曰府曰州曰縣其長皆以蒙古人爲之而漢人南人貳焉』質言之則漢人南人雖可登仕版終不得爲正印官也成宗本紀云『各道廉訪司必擇蒙古人爲使或缺則以色目世臣子孫爲之其次始參以色目及漢人』是色目之待遇亦較漢人優越也至元二年詔以蒙古人充各路達爾噶齊漢人充總管回回人爲同知而南人不得與焉程鉅夫傳記世祖責御史臺言『汝未用南人何以知南人不宜用』則南人之待遇又下於漢人也中國雖屢經外族侵入然挾征服者之權威以相臨儕我族於劣等則未有如元之甚者（二十二史劄記卷三十元制百官皆蒙古人爲之長條）

滿洲在關外以民隸軍畫爲「八旗」其後蒙古服屬則置蒙古旗入遼後得關內外人民及明降將卒則置漢軍旗「旗人」與「漢人」之名稱三百年來遂成爲對立之兩階級旗人駐防各省會與金之明安穆昆頗相類而體勢更爲隆重就形式上論別滿蒙漢三旗於漢人與元代之四階級頗相類然而不同者則清代蒙旗人之在內地其地位並不如元代色目人之優越而清代漢人比元代之漢人南人作官吏之機會最少也勝一籌例如中央各官署大小員缺皆滿漢平分外省官吏因無雙缺漢人以自由競爭之結果且常占優勢（附錄順康雍乾咸同光宣督撫滿漢人數比較表）故清代之滿漢在政治上殆無階級之可言

第六章　階級（下）

平民奴隸分級蓋起自原始社會直至現代猶革而未盡古代希臘羅馬以自由共和政體爲揭櫫夷考其實則希臘當比黎格力時雅典阿的加兩市人口約合三十萬而奴隸之數乃在八萬以上羅馬雖無確實統計而奴

數比例。或更過之所謂自由。亦部分的自由而已。若印度四姓之制。其「首陀羅」一級至今不齒於齊民。美洲黑奴。俄國農奴。最近始革。甚矣平等理想之實現如此其艱也。其在中國。奴隸身分之固定不如他國。故其爲社會問題之梗。亦不如他國之甚。然亦因循數千年。至今乃漸絕。其間沿革有可言者。

奴之名始見於尚書及論語。隸之名始見於周禮及左傳。

書甘誓『予則奴戮女。』湯誓文同。論語『箕子爲之奴。』周禮左傳言隸者別見下文所引。

然又有種種異名。曰臣妾。曰臣僕。

易遯九三『畜臣妾吉。』書費誓『臣妾逋逃。』周官太宰『臣妾聚斂疏財。』左傳僖十七年『男爲人臣。女爲人妾。』書微子『我罔爲臣僕。』

曰童僕。

易旅六二『得童僕貞。』秦始皇時。徐市將童男童女三千人入海求蓬萊。後人解爲幼男女。非也。蓋謂奴婢耳。論語『夫人自稱曰小童。』蓋自謙之辭。猶秦穆公夫人自稱『婢子。』

童亦作僮。

史記貨殖傳『僰僮。』又『僮手指千。』司馬相如傳『卓王孫僮客八百人。』漢書賈誼傳『今民賣僮者。』王褒有僮約。見古文苑。此外兩漢書言僮者甚多。

曰臧。曰獲。

荀子王霸篇『雖臧獲不肯與天子易埶業。』楊注『臧獲。奴僕賤稱也。』漢書司馬遷傳『臧獲婢妾。』晉灼注『臧獲。敗敵所被虜獲爲奴隸者。』方言『荆淮海岱之間。罵奴曰臧。罵婢曰獲。燕齊亡奴謂之臧。亡婢謂之獲。』文選報任安書李善注引韋昭『善人以婢爲妻生子曰獲。奴以善人爲妻生子曰臧。又凡人男而歸婢謂之臧。女而歸奴爲之獲。』

曰豎。

左氏僖公二十四年傳『晉侯之豎頭須守藏者也。』又僖公二十八年傳『曹伯之豎侯獳貨筮史。』

曰廝。曰役。曰圉。曰養。

公羊宣十二年傳楚子重云『諸大夫死者數人。廝役扈養死者數百人。』書康誥『民養其勸弗救。』

或於其間復分等級曰皂。曰輿。曰隸。曰僚。曰僕。曰臺。臺爲最下。蓋指逃奴復獲者。故稱『人有十等。』遞相臣使。其罰也以次遞降。

左氏昭七年傳楚申無宇云『天有十日。人有十等。王臣公。公臣大夫。大夫臣士。士臣皁。皁臣輿。輿臣隸。隸臣僚。僚臣僕。僕臣臺。』案此是否當時通行制度。尚難確指。然昭六年傳載楚棄疾誓辭云『不用命者君子廢小人降。』君子當指士大夫。小人當指庶人及奴隸。小人而言「降」。必有等乃可降。是「十等」之別最少亦當爲楚國現行制矣。甚所以區別及名稱所由立今難悉辨。惟申無宇此言爲執逃奴而發。其下文云『若從有司是無所執逃也。逃而舍之是無陪臺也。』可知陪臺爲逃而復獲者故等最下也

奴隸起源蓋自部落時代之俘虜倔强者殺之。馴服者役焉。「臣」實爲其最初之名。象其稽顙肉袒屈服之形。

說文臣字下云『牽也。象其屈服之形。』莊子『擎跽曲拳人臣之事也。稽顙服之甚也。肉袒服之盡也。』

此風蓋至春秋戰國間猶有存者。

呂覽『魯國之法。凡贖臣妾於諸侯。則取金於內府。』蓋本國人被俘爲臣妾則以金贖之也。據此知春秋時尚俘人爲奴。孟子論齊伐燕云『若殺其父兄係累其子弟。』據此知戰國時亦然。

其次起者即犯罪人或其家屬剝奪良民資格沒入官爲奴婢。周禮司厲所謂『其奴男子入於罪隸。女子入於舂槀。』是也。此制由來蓋甚古。故「童」「妾」「僕」等字皆從「辛」。辛。罪也。

說文『辛。辠也。從干二。二古文上字。』謂干犯其上爲罪也。辛部所屬惟「童」「妾」二字。童字下云『男有辠曰奴。奴曰童。女曰妾。』

奚字下云。『有辠女子給事之得接於君者。』辛部下次以丵部。僕字從之。

古代奴隸。大部分皆由此出。故應劭云。『古制本無奴婢。奴婢皆是犯事者。』（風俗通）鄭玄云。『今之奴婢。古之罪人也。』（周禮司厲注）

當春秋時。奴隸蓋有冊籍。藏於官府。惟君相得免除之。

左氏襄二十二年傳『斐豹隸也。著於丹書。欒氏之力臣曰督戎。國人懼之。斐豹謂宣子。「苟焚丹書。我殺督戎」……』

凡罪人子孫未赦免者。蓋皆從奴籍。（？）

左氏傳『欒、郤、胥、原降在皁隸。』四姓皆貴族之以罪廢者也。此『皁隸』若不作庶人解。則是四姓子孫皆在奴籍也。

春秋以前。奴隸似皆服公役（？）私人蓄奴之事無徵焉。『大夫有貳宗。士有隸子弟。』（左氏桓二年傳文）言以子弟執隸役也。孔子固嘗「從大夫之後。」論語記其日常行事。未嘗有使役奴隸之痕跡。樊遲御。冉有僕。闕黨童子將命。凡服勞者皆門弟子也。以此推之。當時奴隸之用。當有限制。而其數蓋亦不多。（？）

戰國之末。社會情狀劇變。戶口日增。民已艱食。重以田制破壞。豪強兼并。工商業勃興。貧富懸隔斯起。於是民間之大地主大商賈。多蓄奴婢。資其勞力以從事於生產貨殖。

史記貨殖列傳。『白圭。周人也。與用事僮僕同苦樂。』又云。『齊俗賤奴虜。而刁閒獨愛貴之。桀黠奴。人之所患也。唯刁閒收取。使之逐魚鹽商賈之利。終得其力。起富數千萬。』

故問人之富。數奴以對。

貨殖傳又云。『……馬蹄躈千。牛千足。羊彘千雙。僮手指千。……此亦比千乘之家。』僮手指千者。謂蓄奴百名也。

權貴言奴多至萬數千人。民間富豪亦動輒千數百人。

史記呂不韋列傳。『不韋家僮萬人。嫪毐家僮數千人』又留侯世家。『良家僮三百人。』又貨殖列傳。『蜀卓氏富至僮千人。』漢書司馬相如傳。『臨卭多富人。卓王孫僮客八百人。程鄭亦數百人』漢書王商傳。『私奴以千數。』

至漢時。奴乃成爲一種貨品。公開買賣。與牛馬同視。

漢書賈誼傳。『今民賣僮者。爲之繡衣絲履偏諸緣。納之閑中。』可見當時有賣奴公開市場。其場有閑。若馬牛欄然。

一奴之値約萬錢。（？）

王褒僮約『神爵三年正月十五日。資中男子王子淵從成都志安里楊惠買夫時戶下髯奴便了。決賈萬五千。奴從百役使。不得有異言。』

奴亦爲餽贈品。

漢書司馬相如傳。『卓王孫分與文君僮百人。錢百萬。文君乃與相如歸成都。買田宅爲富人。』

乃至可以贖罪。可以易官爵。

漢書鼂錯傳。『錯勸帝募民以丁奴婢贖罪及輸奴婢欲以拜爵者。』又食貨志。『武帝募民能入奴婢得終身復。爲郎增秩。』

奴之來源。則亦與古異。其一。當時拓土日廣。與邊徼劣等民族相接觸。輒掠而賣之。略如近世白人販非洲黑奴矣。諸邊皆有。而滇蜀間之西南夷。實奴之主要供給地。

周禮有蠻隸。閩隸。夷隸。貉隸。竊疑此爲漢時事實。史記貨殖列傳。『巴蜀沃野。南御滇僰、僰僮。西近邛笮、笮馬、旄牛。』此列舉各地物產。言僰產之僮。與笮產之馬及旄牛。同爲主要貨品也。

其二。內地良民亦往往被略賣爲奴。

漢書欒布傳。『布爲人所略賣爲奴於燕』又外戚傳。『竇后弟廣國。四五歲時。家貧。爲人所略賣。』

其三。或以饑餓自賣或賣子。

漢書食貨志『高祖令民得賣子』又高祖本紀『五年夏五月詔民以饑餓自賣爲人奴婢者皆免爲庶人』又賈誼傳『歲惡不入請賣爵子』

其四或爲豪家强占抑良作賤

後漢書梁冀傳『冀或取良人悉爲奴婢至數千人名曰自賣人』

其五或以特別事故願自鬻

史記張耳傳『貫高與客孟舒等十餘人皆自髡鉗爲王家奴』漢書季布傳『布匿濮陽周氏周氏進計布許之乃髡鉗布衣褐置廣柳車中之魯朱家所賣之』又刑法志『文帝時女子緹縈願沒入爲官奴婢以贖父罪』

其六或以子女質錢謂之贅子逾期不贖遂淪爲奴

漢書賈誼傳『秦人家貧子壯則出贅』嚴助傳『歲比不登民待賣爵贅子以接衣食』如淳注云『淮南俗賣子與人作奴婢名曰贅子三年不贖遂爲奴婢』說文『贅以物質錢也从敖貝敖者猶放貝當復取之也』是贅卽典當之義贅子者猶今之典身立有年限取贖也說詳錢大昕潛研堂答問

凡此皆春秋以前所未聞者奴隸數量之激增職此之由

以上所言皆私奴也官奴數量亦視前有增無減其來源一曰輕罪人之科「作刑」者一歲刑爲「罰作」爲「復作」二歲刑爲「司寇作」三歲刑爲「鬼薪」爲「白粲」四歲刑爲「完城旦舂」五歲刑爲「髡鉗城旦舂」此卽周官所謂「入於罪隸舂槀」者當其服刑時間則爲官奴故亦謂之「徒」

漢舊儀『男爲戍罰作女爲復作皆一歲司寇男備守女爲作如司寇皆作二歲鬼薪者男當爲祠祀伐山之薪蒸也女爲白粲者以爲祠祀擇米也皆作三歲完城旦舂四歲男髡鉗爲城旦女爲舂皆作五歲』

二曰重罪人已服死刑而家族沒官者黥面爲奴婢非邀特赦不得爲良

魏志毛玠傳『漢律「罪人妻子沒爲奴婢黥面」今眞奴婢祖先有罪雖歷百世猶有黥面供官』

此項「相坐」法起於秦之商鞅漢文帝雖嘗明詔廢除然事實則終漢之世未之能革官奴之多此實主因

文帝元年詔『盡除收帑相坐律令』然武帝建元元年詔『赦吳楚七國帑輸在官者』可知景帝時已復行相坐律矣其他兩漢諸傳中緣坐之事仍且常見安帝永初四年詔『建初以來諸訞言他過坐徙邊者各歸本郡其沒入官爲奴婢者免爲庶人』是此法至安帝時猶存之明證

三曰人民以私奴入官贖罪買爵者及官沒收民間私奴者此在武帝時蓋亟行之

入官贖罪拜爵事已詳前注沒收民間私奴者史記平準書云『楊可告緡徧天下乃分遣御史廷尉正監分曹郎治郡國緡錢得民財物以億計奴婢以千萬數其沒入奴婢分諸苑養狗馬禽獸及與諸官官益雜置多徙奴婢衆而下河漕度四百萬石及官自糴乃足』

坐是之故官奴日益多寖假成爲財政上一問題至元帝時始議裁汰然已積重難返

漢書杜延年傳『坐官奴婢乏食免官』又貢禹傳『禹言官奴婢十餘萬游戲無事稅良民以給之宜免爲庶人』

私奴方面奢僭無度亦成爲社會上大問題雖倍其口算以窘畜奴之家然爲效蓋鮮

漢書惠帝紀注引漢律『人出一算算百二十錢唯賈人與奴婢倍算』

成帝時始敕漸禁

漢書成帝本紀『永始四年詔曰公卿列侯親屬近臣多畜奴婢被服綺縠其申敕有司以漸禁之』

哀帝時始立限制以爵位高下爲蓄奴多寡之差然其奉行程度何若蓋不能無疑

漢書哀帝本紀『即位詔曰「諸侯王列侯公主吏二千石及豪富多蓄奴婢田宅亡限其議限例」有司條奏「諸侯王奴婢二百人列侯公主百人關內侯吏民三十人諸名田畜奴婢過品皆沒入縣官」……』

諸奴婢既皆由罪沒或買賣而來非如印度「首陀羅」等之先天的區別故一遇赦免旋復爲良兩漢免奴之

詔屬下其關於官奴者五次。

一、文帝後四年免官奴婢爲庶人。

二、武帝建元元年赦吳楚七國帑輸在官者。

三、哀帝卽位恩詔命官奴婢年五十以上免爲庶人。

四、光武建武六年詔王莽時吏人沒入爲奴婢不應舊法者免爲庶人。

五、安帝永初四年諸沒入爲官奴婢者免爲庶人。

右五次中惟第一第五次爲普行放免餘三次皆部分的放免。

關於私奴者六次。

一、高帝五年詔民以饑餓自賣者皆免爲庶人。

二、光武建武二年詔民有嫁妻賣子欲歸父母者恣聽之敢拘執論如律。

三、光武建武七年詔吏人遭亂及爲靑徐賊所略爲奴婢下妻欲去留者恣聽之敢拘制不還以賣人法從事。

四、光武建武十二年詔隴蜀民被略爲奴婢自訟者及獄官未報一切免爲庶人。

五、光武建武十三年詔益州民自八年以來被略爲奴婢者皆一切免爲庶民或依託爲人下妻欲去者恣聽之拘留者比靑徐二州以略人法從事。

六、光武建武十四年詔益涼二州奴婢自八年以來自訟在所官一切免爲庶民賣者無還直。

右西漢初一次全體解放東漢初五次皆局部解放。

其間最可注意者關於私奴之六次皆行諸喪亂初定之時與地。蓋認其掠賣爲不法行爲。西漢自文景後。東漢自明章後。對於私奴絕無解放之舉。殆承認其正當權利。謂非政府所宜強奪矣。

魏晉迄唐變相的奴婢有二種。一曰佃客。二曰部曲。

佃客起於晉初。王公貴人各自占蔭。以官品爲差。多者四五十戶。少者一戶

文獻通考卷十一。『晉武帝平吳之後。令王公以下得蔭人以爲衣食客及佃客。官品第一第二者佃客無過五十戶。三品十戶。四品七戶。五品五戶。六品三戶。七品二戶。八品九品一戶。』又『東晉官品第一第二佃客無過四十戶。每品減五戶。至第九品五戶。』

其主人號曰『大家』。「其客皆注家籍。皆無課役。其佃穀與大家量分。』(通考原文)蓋一種農奴制也。

案通考原文云『皆無課役。』下文又云『其課丁男調布絹各二丈。絲三兩。綿八兩。祿絹八尺。祿綿三兩二分。租米五石。……』頗不可解。馬端臨謂『晉以來人皆授田。無無田之戶。是以戶賦之入於公家及私屬皆重。』此說恐非。如此則何以云「無課役」又何取於蔭耶。此自述晉代課役常制耳。非謂以此課佃客也。

最可注意者兩點。前此之奴皆以口計。此獨以戶計。前此之奴由買賣或掠奪而來。此獨由蔭而來。後世所謂「投靠。」蓋起於此。

晉書食貨志。『各以品之高卑蔭其親屬。多者及九世。少者三世。又得蔭人以爲衣食客佃客。』據此知佃客實投靠以避免課稅。故「注家籍」等於親屬也。

此制是否南北朝尚通行。何時消滅。今難確考。然佃客目的在託庇以免賦役。「大家」則利其勞力以自封殖。則其事當隨賦稅制度爲轉移。北魏行均田制。其受田也『奴婢依良』。或於佃客之存在不無影響也。

魏書孝文本紀。『太和九年。詔均天下人田。諸男夫十五以上受露田四十畝。婦人二十畝。奴婢依良。』

復次。吾儕試一繙唐律。當立發見其中有多數以「部曲奴婢」連舉之條文。

名例「略和誘人」條。『略和誘部曲奴婢及藏逃亡部曲奴婢。……』

名例「同居相爲隱」條。『曲奴婢爲主隱皆勿論。』

名例「官戶部曲」條。『諸官戶部曲官私奴婢有犯本條無正文者各準良人』

名例「稱道士女冠」條。『觀寺部曲奴婢於三綱與主之期親同。』

戶婚律「養雜戶爲子孫」條。『若養部曲及奴爲子孫者。』

戶婚律「緣坐非同居」條。『若部曲奴婢犯反逆者。』

賊盜律「部曲奴婢殺主」有專條。

賊盜律「殺人移鄉」條。『殺他人部曲奴婢並不在移限。』

賊盜律「穿地得死人」條。『部曲奴婢於主冢墓……』

賊盜律「知略和誘」條。『略和誘部曲奴婢而買之者。』

賊盜律「共盜併贓」條。『主遣部曲奴婢盜者。』

鬥訟律「部曲奴婢良人相毆」有專條。

鬥訟律「部曲奴婢過失殺主」有專條。

鬥訟律「毆緦麻親部曲奴婢」有專條。

鬥訟律「部曲奴婢詈舊主」有專條。

鬥訟律「部曲奴婢告主」有專條。

詐僞律「妄認良人爲奴」條。『諸妄認良人爲奴婢部曲妻妾子孫者……』

雜律「奴姦良人」條。『其部曲及奴姦主者……』

捕亡律「客止他界逃亡」條。『……其官戶部曲奴婢亦同。』

斷獄「與囚金刃解脫」條。『……部曲奴婢與主者罪亦同。』

斷獄「死罪囚辭窮竟」條。『……部曲奴婢於主者皆以故殺罪論。』

斷獄「聞知恩赦故犯」條。『……若部曲奴婢毆及謀殺……』

所謂「部曲」者果何物耶。吾儕讀後漢書三國志即已屢見此名詞。南北朝史則更夥。其意義亦隨時代而漸變。其初蓋純屬一種非正式的軍隊。漢制兵由徵調。非將帥所得私。及其末年。邊將擁兵自重者始別募一種兵如後世所謂「家丁」者以爲己腹心。而部曲之名立焉。

魏志董卓傳。『卓故部曲樊稠等合圍長安城。』蜀志馬超傳。『父騰徵爲衞尉。以超領其部曲。』此皆起自涼州。當爲部曲最初發生之地。

（？）

其後天下大亂。民離散無所歸。諸將競招懷之以爲己有。

魏志衞覬傳。『關中膏腴之地。頃遭喪亂……歸者無以自業。諸將各競招懷以爲部曲。郡縣貧弱。不能與爭。』

崛起草澤之英雄。多藉之以成大業。

蜀志關羽張飛傳。『先主以羽飛爲別部司馬。分統部曲。』吳志孫堅傳。『勒部曲整頓行陣。』

部曲不惟壯丁而已。大率舉家相附。且往往隨主將移徙。

魏志李典傳。『典宗族部曲三千餘家。居乘氏。自願徙詣魏郡。……遂徙部曲宗族萬三千餘口居鄴。』又鍾會傳。『將部曲數十家渡江。』吳志韓當傳。『將家屬部曲男女數千人奔魏。』又朱桓傳。『部曲萬口。妻子盡識之。』晉書祖逖傳。『將部曲百餘家渡江。』

其與主將關係既如此密切。故除爲別人所擊散或攘奪外。率父子相繼襲領。而部曲遂成爲一家之所有物。

蜀志馬超傳。『領父騰部曲。』吳志孫策傳。『袁術以堅部曲還策。』又孫韶傳。『統父河部曲。』又朱桓傳。『使子異攝領部曲。』

部曲皆有『質任』。不能擅自解除。寖假遂變爲法律上一種特殊階級。

晉書武帝紀。『泰始元年詔復百姓徭役。罷部曲將吏長以下質任。』又。『咸寧三年大赦。除部曲督以下質任。』質。卽周官所謂質劑。任。保也。「質任」蓋如後世投靠賣身之甘結。罷除須下明詔。則其不易罷除可知。

經六朝至唐。社會情狀日變。部曲遂至全失其軍隊的性質。而與奴隸同視。

唐律疏議。『部曲奴婢。是爲家僕。』又卷十七。『奴婢部曲。身繫於主。』

雖然部曲之視奴婢亦有間唐制分賤民爲若干級而奴婢最賤『律比畜產』其處分常適用『物權法』部曲則仍比諸人類

唐律疏議卷六『奴婢賤人律比畜產』又卷十七『部曲不同資財故別言之奴婢同資財故不別言』

故其權利義務亦有等差

唐律鬬訟律二『諸部曲毆良人者加凡人一等奴婢又加一等……其良人毆傷殺他人部曲者減凡人一等奴婢又減一等』又雜律上『諸錯認良人爲奴婢者徒二年爲部曲者減一等錯認部曲爲奴者杖一百』

此部曲沿革及身分之大凡也

唐制別賤民於良民賤民中又分三級最下曰奴婢次則番戶次則雜戶

唐書職官志『都官郎中員外郎掌配役隸凡公私良賤必周知之凡反逆相坐沒其家爲官奴婢一免爲番戶再免爲雜戶三免爲良民』

番戶亦稱官戶

唐會要前文原注云『諸律令格式有言官戶者是番戶之總號非謂別有一色』

部曲身分與官戶同國有者爲官戶私有者爲部曲

唐律鬬毆律二部曲奴婢良人相毆條原注云『官戶與部曲同』唐書高宗紀『顯慶二年十二月勅放還奴婢爲良及部曲客女者聽』放奴婢爲部曲即等於『一免爲番戶』也

部曲之女謂之「客女」其身分亦等於官戶

唐律疏議卷十三『客女謂部曲之女或有於他處轉得或放婢爲之』

官戶與雜戶異者官戶惟屬本司無籍貫於州縣雜戶雖散配諸司驅使仍附州縣戶貫

唐律疏議卷三『官戶者，謂前代以來配隸相生，或有今朝配沒，州縣無貫，唯屬本司。雜戶者，謂前代以來配隸諸司職掌，課役不同百姓，依令老免進丁受田依百姓例。』

雜戶者如少府監所屬之工樂雜戶，太常寺所屬之太常樂人等類

唐大詔令集卷八十一武德二年八月詔『太常樂人……前代以來，轉相承襲，或有衣冠世緒，公卿子孫，一沾此色，後世不改，婚姻絕於士籍，名籍異於編甿，大恥深疵，良可哀愍。……宜得蠲除，一同民例。……』

更有所謂「隨身」者，則契約雇傭之奴僕，在約限內亦與良殊科。

唐律疏議卷二十五注『隨身之與部曲色目略同』又卷二十一釋文『二面斷約年月，賃人指使為隨身。』是「隨身」即今之雇僕。

此有唐一代奴隸名色之大凡也。

唐時奴隸除當時因罪沒官及前代奴籍相承外，大率販自南部，東南則閩粵，西南則川黔湘桂諸地，謂之「南口」

唐書玄宗紀『天寶八載……其南口請禁蜀蠻及五溪嶺南夷獠之類。』

唐會要卷八十六『元和四年勅，嶺南黔中福建等道，雖處遐俗，莫非吾民。……公私掠賣奴婢，宜令所在長吏切加捉搦。』

豪强商賈用以市易，用以餽贈。

唐會要卷八十六『元和九年詔，自嶺南諸道，輒不得以良口餉遺販易，及將諸處博易。又有求利之徒，以良口博馬，並勅所在長吏嚴加捉搦。』

又『太和二年勅，嶺南福建桂管邕管安南等道百姓，禁斷掠買餉遺良口……』

又『大中九年勅，嶺南諸州貨賣男女，奸人乘之，倍射其利，今後無問公私土客，一切禁斷。』

朝廷且以為貢品。

又。『大歷十四年五月詔。邕府歲貢奴婢。使其離父母之鄉。絕骨肉之戀。非仁也。宜罷之。』

而獠奴最盛行於公私間。所在皆有焉。

文獻通考四裔考。「獠蓋蠻之別種。自漢中達於邛笮山谷之間。所在皆有。……遞相劫掠。不避親戚。賣如猪狗。……被縛者卽服爲賤隸。不敢更稱良矣。……後周武帝平梁益。每歲出兵。獲其生口以充賤隸。謂之「壓獠。」商旅往來者亦資以爲貨。公卿達於人庶之家。有獠口者多矣。」案杜甫集中卽有示獠奴阿段一詩。足證唐時獠奴所在皆有。獠奴殆卽漢之僰僮歟。

西北緣邊則有突厥奴。吐蕃奴。回鶻奴。

又。『大足元年勅西北緣邊州縣不得畜突厥奴婢。』又。『大中五年勅邊上諸州鎭送到投來吐蕃回鶻奴婢等。並配嶺外。不得隸內地。』

東北登萊一帶亦盛販新羅奴。

又。『長慶元年薛苹奏。有海賊詃掠新羅良口。將到登萊州界及緣海諸道。賣爲奴婢。……請所在嚴加提搦。』又。『太和二年勅海賊詃掠新羅良口。……雖有明勅。尙未止絕。』

蓋自初盛唐以來。武功恢張。幅員式廓。劣等民族接觸日多。而掠賣惡風亦日熾。唐代之奴。除罪隸外。此其大宗矣。

北胡凶暴。每有寇抄。畜產之外。掠及人民。自匈奴時蓋已然。然永嘉五胡之亂。諸胡率皆久居塞內。雜伍編氓。故其竊踞之地。所得戶籍。尙未聞以賤隸相視。自南北以敵國對峙。元魏破江陵時。盡以所俘士民爲奴。無問貴賤。中國衣冠之族淪入奴籍。自此始。至宇文周之末。乃漸放免焉。

通考卷十一『周武帝天和元年詔江陵人年六十五以上爲官奴婢者放免。建德元年又詔江陵所獲俘虜充官口者悉免爲百姓。』

遼金元以還。毒痡滋甚。遼伐渤海伐宋伐高麗所俘者悉以充配賜。

續通考十四『遼太宗天顯五年以所俘渤海戶賜魯呼等。』又『聖宗統和四年。以伐宋所俘生口賜皇族及乳母。』又『二十九年以伐高麗所俘人分置諸陵廟餘分賜內戚大臣。』又『統和七年詔南征所俘有親屬分隸諸帳者皆給官錢贖之。』

靖康之難。自帝胄以迄黎庶。陷虜者皆宛轉狼藉。

洪邁容齋隨筆 卷『自靖康之後陷於金虜者帝王子孫宦門士族之家盡沒為奴婢。使供作務。每人月支稗子五斗。令自舂為米。得一斗八升。用為餱糧。歲支麻五把。令緝為裘。此外更無一錢一帛之入……』

元初諸將競掠中原良民以為私戶。豪橫益非人理

元史張雄飛傳『前阿爾哈雅行省荊湖。以降民三千八百戶沒入為家奴。自置吏治之。歲收其租賦。有司莫敢問。』

又世祖本紀『至元十七年。詔覈阿爾哈雅呼圖克特穆爾等所俘丁三萬二千餘人並放為民。』

又宋子貞傳『東平將校占民為部曲戶。謂之「腳寨」。擅其賦役。幾四百所。子貞悉罷歸州縣。』

又張德輝傳『兵後孱民依庇豪右。歲久掩為家奴。德輝為河南宣撫使。悉遣為民。』

又雷膺傳『江南新附。諸將往往強藉新民為奴隸。膺為湖北提刑按察副使。出令為民者數千。』

又王利用傳『都元帥塔爾海抑巫山數百口為奴。利用為提刑按察使。出之。』

又袁裕傳『南京總管劉克興掠良民為奴隸。後獲罪。裕籍其家。奴隸得復為民者數百。』

雖屢申禁令。而視同具文。

元史耶律楚材傳『太宗元年。籍中原民。時將相大臣有所驅獲。往往寄留諸郡。楚材因括戶口。并令為民。匿占者死。』

又太宗本紀『十二年。籍諸王大臣所俘男女為民。』

又廉希憲傳『至元十二年。希憲行省荊南。令凡俘獲之人。敢殺者以故殺平民論。有立契券質妻子者。重其罪。仍沒入其直。』

又世祖本紀『至元二十年。禁權勢沒人口為奴及黥其面者。』

蓋元代綱紀最紊亂始終沿塞外之俗『以殺戮俘虜為耕作』朝廷本無勤恤民隱之意而法復不能行於貴近故蓄奴惡習唐宋後本有漸革之勢至元而復熾將帥官吏倡之於上豪民效之於下江南豪富有蓄奴多至萬家者

續通考卷十四『元武宗至大二年十月樂實奏言江南富室有蔽占王民奴使之者動輒百千家有多至萬家者可增其賦稅』

直至明末腥風猶播而江南特甚

顧炎武日知錄卷十三『太祖數藍玉之罪曰「家奴數百」今日江南士大夫多有此風一登士籍此輩競來門下謂之投靠多者亦至千人……』又云『人奴之多吳中為甚其專恣暴橫亦吳中為甚有王者起當悉免為良民而徙之以實遠方空虛之地士大夫之家所用僕役並令出貲雇募如江北之例則豪橫一清而四鄉之民可以安枕其為士大夫者亦不至受制於人』

迨清康熙間「奴變」一役數千年養奴之習乃告一大結束矣

「奴變」一役徧及江南全省此事惟聞諸故老知縉紳之家罹禍極烈顧亭林所謂『士大夫受制於人』者蓋洞燭幾先矣然事之始末官私文書紀載極稀吾今不能言其情形並其年月亦不能舉出今後當極力設法蒐集資料海內博聞君子儻能以所知事實相告不勝大幸

清之未入關其歷年寇鈔畿輔遠及齊晉所至亦嘗有掠人為奴之事

顏習齋之父即被掠為奴之一人類此者甚多但此等記載康雍乾間禁燬殆盡今雖博引皇朝通考卷二十載乾隆四年上諭云『國初俘獲之人年分已遠及印契所買奴僕之中有盛京帶來帶地投充之人係旗人轉相售賣者均應開戶』觀此知清初此類之奴頗不少也

順治定鼎以後頗思立綱紀以繫民望故除犯罪者「發滿洲披甲人為奴」之外自餘元初慘掠之習似尚無所聞(?)其滿洲世僕有所謂「包衣」者雖存主奴名分仍得應試出仕

包衣舊例雖官至極品對舊主仍執主僕禮至　年始命凡三品以上包衣皆出籍見　等書

漢人方面則雍正元年解放山西樂戶浙江惰民五年解放徽州伴儅寧國世僕八年解放蘇州丐戶乾隆三十

六年解放廣東蜑浙江九姓漁戶及各省凡有似此者

皇朝通考卷十九雍正元年上諭『山西等省有樂戶一項其先世因明建文末不附燕兵被害世世不得自拔令各屬禁革俾改業爲良又浙江紹興府之惰民與樂籍無異亦令削除其籍俾改業與編氓同列』五年諭『江南徽州府有伴儅寧國府有世僕本地呼爲細民其籍業與樂戶惰民同甚至有兩姓丁戶村莊相等而此姓爲彼姓執役有如奴隸究其僕役起自何時則茫然無考非實有上下之分……可悉開除爲民』八年又以蘇州之常熟昭文二縣丐戶與浙江惰民無異命削除丐籍

乾隆三十六年諭『廣東之蜑戶浙江之九姓漁戶及各省凡有似此者悉令該地方查照雍正元年山陝樂戶成案辦理令改業爲良

自是社會上類似奴隸之劣等階級緣法律之保障悉予豁除

事實上卻未淨盡例如吾鄉及附近各鄉皆有所謂世僕者其在吾鄉者爲龔姓其人爲吾梁姓之公僕問其來由正如雍正諭所謂「僕役起自何時茫然無考」者

其身分特異之點則（一）不得與梁姓通昏姻（鄰鄉良家亦無與通婚者其婚姻皆限於各鄉之世僕）（二）不得應試出仕（三）不得穿白襪其職務則（一）梁家祠堂祭祀必須執役（二）凡梁家各戶有喜事凶事必須執役但祠堂及各戶所以酬之者頗豐故其人生計狀況尚不惡依乾隆三十六年上諭此輩早已當列爲編氓然而至今不改者則社會積習之惰力然也

私人則除蓄婢女外男奴幾全部絕跡其事實及原因下方更詳言之

關於奴婢之身分及待遇歷代法制變革頗繁漢律亡佚其所規定不可悉見然董仲舒建議謂『宜去奴婢除專殺之威』（見漢書食貨志）則其時得專殺奴婢可知此議雖在武帝時然終西漢之世未見施行及光武建武十一年三月始下詔曰『天地之性人爲貴其殺奴婢不得減罪』雖未能全采仲舒去奴之議然揭示人權觀念確立平等原則可稱二千年極有價值之立法

其年八月詔『敢炙灼奴婢論如律免所炙灼爲庶民』十月又詔『除奴婢射傷人棄市律』此二詔與前詔同一精神然卽此可見前此炙奴婢不爲罪而奴婢誤傷人卽處極刑也

大抵東漢一代儒學盛行合理的制度多在此時建設奴隸最少而待遇亦最優經三國南北朝以至隋唐人權思想轉形退化唐律疏議中『奴婢比畜產』『奴婢同資財』之語屢見不一見『諸奴婢有罪其主不請官司而殺者杖一百無罪而殺者徒一年過失而殺者勿論』疏議卷二十二此其去專殺也幾何

史記田儋列傳『儋佯爲縛其奴從少年之廷欲謁殺奴』應劭注云『古殺奴婢皆當告官儋欲殺令故詐縛奴以謁也』晉書刑法志『奴婢捍主主得謁殺之』然則主人殺奴婢自秦以來卽爲法律所許不過須經「謁」「請」之一程序耳

至關於犯罪制裁之規定壹皆以良賤不平等爲原則殺傷部曲奴婢不特主及親屬擬罪從輕卽他人亦多不實抵

唐律主人殺奴婢之制裁具如前文所述一般良民惟故殺他人部曲擬絞餘俱無死罪毆殺傷奴婢者減凡人二等故殺者亦只流三千里

奴婢殺主唐律無文蓋謀殺未成或毆而致傷皆已處死其罪更無可加也

唐律卷十七『諸部曲奴婢謀殺主者皆斬謀殺主之期親及外祖父母者絞已傷者皆斬』卷二十二『諸部曲奴婢過失殺主者絞卽毆主之期親及外祖父母者絞已傷者皆斬詈者徒二年』

此種律文大體爲宋元明清律所因襲惟常人（本主除外）毆死或故殺奴婢明清律皆處絞漸復漢建武之舊矣現行刑律則奴婢犯罪加等對於奴婢犯罪減等諸條文什九刪除大體已采用平等原則蓋受近世人權思想之影響使然也

奴婢身分之世襲卽所謂「家生子」者實由良賤禁通婚姻而來秦漢之間蓋男女間有一方爲奴者其所生

子卽爲奴。

方言三『凡民男聟婢謂之臧女而婦奴謂之獲』文選報任安書注引韋昭曰『善人以婢爲妻生子曰獲奴以善人爲妻生子曰臧』

唐律對於奴與良人通婚絕對禁止。

唐律戶婚律「奴娶良人爲妻」條云『諸與奴娶良人女爲妻者徒一年半女家減一等離之其奴自娶者亦如之主知情者杖一百……卽妄以奴婢爲良人而與良爲夫妻者徒二年各還正之。又「雜戶不得娶良人」條『諸雜戶不得與良人爲婚違者杖一百官戶娶良人女者亦如之良人娶官戶女者加二等……』按此則奴攀高固有罰良人自貶罰更重。

元律稍進步男女間有一方爲良人者其所生子卽爲良人。

元刑法志姦非篇『諸奴有女已許嫁爲良人妻卽爲良人』又『諸良民竊奴隸生子子隨母還主奴竊良民生子子隨母爲良』

然淸初滿洲世僕名分極嚴輒復擴其俗以及漢族故家生之奴淸中葉蓋未革焉。

大淸會典戶部則例卷三『凡漢人家奴若家生若印契買若雍正十三年以前白契所買以及投靠養育年久或婢女招配生子者俱照八旗之例子孫永遠服役。』

奴婢身分之解除其在官奴方面蓋有二途一曰法定年齡之限制。

周官屬人『凡七十者未齔者不爲奴』通考卷十二『漢哀帝卽位詔官奴婢五十以上免爲庶人』『周武帝天和元年詔江陵人年六十五以上爲官奴婢者令放免』『唐顯慶二年敕官奴婢年六十以上及廢疾者並免賤』此外類此之詔令尙多。

二曰政府之恩免或豁免雜戶例如北周建德六年平齊詔『凡諸雜戶悉放爲百姓』如前所述淸雍正乾隆屢次放免樂戶等事此等雜戶其直接服役義務本甚希不過名義上不齒於齊民故革之較易其直接服役之官奴婢則除前所述漢代恩詔外後世普行豁免之事亦常有之不具擧。參看通考續通考之戶口考奴婢各條 然唐制則分等級。

有「官奴婢一免爲番戶再免爲雜戶三免爲良人」之規定。此項直接服役之官奴婢衣食於官已久。驟然解放其存活亦頗成問題。如最近淸宮之放免太監爲恩爲虐蓋尙待事實上之判定也。

其私奴方面亦有二途。一曰政府勒免。

漢書高祖紀五年詔『民有饑餓自賣爲人奴婢者皆免爲庶人。』後漢書光武紀建武二年五月詔『民有嫁妻賣子欲歸父母者悉聽之。敢拘執論如律。』後世此項恩詔尙多看通考續通考奴婢條。

二曰本主自行放免。

唐律疏議卷十二『依戶令。放奴婢爲良及部曲客女者聽之。皆由家長給手書。長子以下連署。仍經本屬申牒除附。』

然關於私奴解放。其法律效力恆不如官奴之强。蓋自古然矣。

官奴以俘虜及罪沒爲大宗。私奴則買賣爲大宗。歷代對於禁制買賣奴婢之立法。法文法意。皆往往相矛盾。故其効力相消。加以法律實施之能率不强。法且成具文。奴婢制度之久而不革。實由於此。漢制已有賣人之禁。

後漢書光武紀建武七年五月詔。『吏民遭飢亂及爲賊所掠爲奴婢下妻欲去留者恣聽之。敢拘執不還以「賣人法」從事。』所謂賣人法之條文今已亡佚。然晉書刑法志引陳羣新律序曰。『盜律有和賣買人。』日知錄注惠氏引盜律曰。『略人略賣人和賣人爲奴婢者死。』所謂「盜律」卽蕭何九章律之一篇。光武詔所謂「賣人法」卽指此。

唐以後律對於略賣和賣。課罪綦嚴。卽長親賣子孫亦皆有罰。

看唐律盜律「略人略賣人」「略和誘奴婢」「略賣期親卑幼」「知略和誘和同相買」諸條及宋刑統大明律大淸律例本篇諸條。

故自明以來。凡寫賣身文契者皆改稱「義男義女。」

沈之奇明律輯注云『祖父賣子孫爲奴婢者問罪給親完聚是無罪良人雖祖父亦不得賣子孫爲賤也……故今之爲賣身文契者皆不書爲奴爲婢而曰義男義女……』

雖然一面律文如彼一面詔勅事例等往往與律意全相矛盾卽最近至淸中葉仍常發見有承認買賣人口爲正當權利之法令

皇朝通考卷二十『康熙二年定八旗買賣人口兩家赴市納稅記册令領催保結列名若係漢人令五城司坊官驗有該管官印票准賣』『十一年申買人用印例』『五十三年准四十三年以前白契所買之人俱斷與買主』雍正元年定白契買人例自康熙四十三年起至六十一年止白契所買之人俱不准贖身』『乾隆三年定自乾隆元年以前白契所買作爲印契者不准贖爲民』『二十八年定入官人口之例年在十歲以上至六十歲者每口作價銀十兩六十歲以上作銀五兩九歲以下每一歲作銀一兩』

既有此等法令則律文中略賣和賣科罪諸條豈非完全等於無效況律中明有多條爲奴婢身分不平等之規定既禁買賣則私家奴婢從何而來律文本身精神已不一貫何怪其推行無力去奴之議所以自董仲舒倡之二千年而迄不能實行者蓋坐是耳

自宣統元年頒行禁革買賣人口條例而現行新刑律關於奴婢身分之各條文沿自明淸律者亦已完全刪去主奴名義絕對爲法律所不容許在立法事業上不能不謂爲一種進步以後則視所以推行者何如耳

就事實上論女婢至今依然爲變相的存在男奴則自淸中葉以來早已漸次絕跡此蓋非由法律强制之力使然其原因實在生計狀況之變動與賦役制度之改良所謂生計狀況之變動者戰國秦漢間奴隸階級驟興由於田制破壞豪强兼幷前文既已言之凡畜奴者皆以殖產也故史記貨殖傳豔稱白圭刁間以善用奴致富又

言『僮手指千與千戶侯等』漢書張安世傳稱其『家童七百人皆有手技作事內治產業累積纖微是以能殖其富』後漢書樊宏傳稱其『課役童隸各得其宜上下戮力財利歲倍』至如王褒僮約雖屬滑稽之文然其所敍什九皆農田力作事爲殖產而蓄奴亦可以窺見消息之一斑矣此後每經一度喪亂及秩序恢復後奴制轉盛蓋緣亂後地廣人稀豪強盛行占併則藉奴力開墾經營以自殖夫行大農制之社會最利蓄奴小農則否美國六十年前因南北利害衝突致演放奴戰爭表面上雖揭櫫「正義人道」其中實含有生計上重大意味善讀史者類能言其故矣我國自清中葉以後腹地各省人丁滋衍地狹民稠不容大農發生之餘地畜奴者無所利故不禁自絕也

所謂賦役制度改良者秦漢以來行口算之賦（卽人頭稅）又有兵役力役皆按丁籍徵收徵發而貴近豪強常享免賦免役之特權民之苦賦役者則相率逃亡逃亡無所得衣食則自鬻或被誘略爲奴漢立「奴婢倍算」之制思所以防遏救濟之然爲效蓋甚寡蓋豪貴固善於隱匿卽不隱匿而區區之算不足損其畜奴殖產之利也晉制許品官蔭人爲衣食客或佃客限以戶數由今日觀之似是獎厲豪強特權在當日立法則固已含裁抑之意蓋不明定法蔭之限則其所包庇者正不止此數也唐代部曲之多亦由於此蓋在主人庇蔭之下一切賦役皆可以逃避也自宋王安石雇役法行民之苦役者稍蘇而賦則如故元代固絕無所謂政治縱將吏恣奪朘削奴之特多在史蹟上爲例外明承元敝苟簡無所革正中葉後權璫恣虐民不堪荼毒惟自鬻於達官豪宗以求活所謂「投靠」是也甚至有「帶地投靠」者投靠既多丁籍益虛財政收入益窘則以原額攤派於未投靠之人未投靠者益苦則終久亦出於投靠而已明代江南官族最多而蓄奴之風亦最盛弊實由此清康熙

五十一年定「丁隨地起」之制屢頒「滋生人口永不加賦」之諭此在我國財政立法上實開一新紀元其目的並不在禁奴然而投靠不勸自絕逃亡販鬻亦清其源事有責效在此而收效在彼者此類是也自今以往生計組織受世界潮流之影響而劇變大工行將代大農而興其利於畜奴也蓋相若奴之名義固非現代所能復活然而變相之奴且將應運生焉此則視勞動立法之所以防救者何如矣

本章脫稿後見社會科學季刊第三卷第三號有王世杰君著中國奴婢制度一文與鄙著互相發明者頗多望讀者一參考

第七章　鄉治

歐洲國家積市而成中國國家積鄉而成故中國有鄉自治而無市自治

鄉蓋古代鄰里鄉黨比閭州族之總名專稱鄉者則指一國中最高之自治團體

劉熙釋名『五家爲伍以五爲名也又謂之鄰鄰連也相接連也又曰比相親比也五鄰爲里居方一里之中也五百家爲黨黨長也一聚之所尊長也萬二千五百家爲鄉鄉向也衆所向也』周禮鄭注『二千五百家爲州百家爲族二十五家爲閭』

周禮有鄉師、鄉大夫、州長、黨正、族師、閭胥、比長諸職管子則有鄉師、鄉良人、州長、里尉、游宗、伍長或軌長諸職其制不盡相脗合兩書蓋皆戰國末年所記述未必皆屬事實卽事實亦未必各國從同也其職權之內容則周禮所說重在鄉官管子所說重在鄉自治

管子曰「野與市爭民鄉與朝爭治」又曰「朝不合衆鄉分治也」俱權修篇文其鄉分治之實蹟則如立政篇所言

「分國以爲五鄉。鄉爲之師。分鄉以爲五州。州爲之長。分州以爲十里。里爲之尉。分里以爲十游。游爲之宗。十家爲什。五家爲伍。什伍皆有長焉。築障塞匿一道。路博出入。審閭閈。愼筦鍵。筦藏於里尉。置閭有司。以時閉。有司觀出入者。以復於里尉。凡出入不時。衣服不中。圈屬羣徒不順於常者。閭有司見之。復無時。若在長家子弟臣妾屬役賓客。則里尉以譙於游宗。游宗以譙於什伍。什伍以譙於長家。譙敬而勿復。一再則宥。三則不赦。凡孝弟忠信賢良儁材。若在長家子弟臣妾屬役賓客。則什伍以復於游宗。游宗以復於里尉。里尉以復於州長。州長以計於鄉師。鄉師以着於士師。……三月一復。六月一計。十二月一著。凡上賢不過等。使能不兼官。罰有罪不獨及。賞有功不專與。……」

又小匡篇曰。

「政既成。鄉不越長。朝不越爵。能士無伍。能女無家。士三出妻。逐於境外。女三嫁。入於舂穀。是故民皆勉於爲善。士與其爲善於鄉。不如爲善於里。與其爲善於里。不如爲善於家。是故士莫敢言一朝之便。……皆有終身之功。……是故匹夫有善。可得而舉。有不善。可得而誅。政成國安。以守則固。以戰則强。」

管子書中尤有一奇異之制度。曰鄉治之性質以職業爲類別。其大類有二。曰士農之鄉。曰工商之鄉。大抵前者如今之鄉村。後者如今之都市。由今日觀之。一地方區域中只有單純一種之職業爲事。殆不可能。雖然。一區域中以某種職業爲主。則亦非無之。例如英之牛津劍橋。雖亦有工商業。然可命爲學校區。其波明罕門治斯達。雖亦有學校。然可命爲工業市。管子之意。大概如此。

管子小匡篇「制國以爲五鄉。商工之鄉六。士農之鄉十五。……士農工商四民者。國之石民也。不可使雜處。雜處則其言哤。其事亂。是故聖王處士必於閒燕。處農必就田野。處工必就官府。處商必就市林。今夫士羣萃而州處。閒燕則父與父言義。子與子言孝……長者言愛。幼者言弟。且夕從事於此。以教其子弟。少而習焉。其心安焉。不見異物而遷焉。是故其父兄之教不肅而成。其子弟之學不勞而能。是故士之子恆爲士。今夫農羣萃而州處。察其四時。權節具備其械器用……少而習焉。其心安焉。不見異物而遷焉。是故其父兄之教不肅而成。其子弟之學不勞而能。是故農之子恆爲農。今夫工……是故工之子恆爲工。今夫商……是故商之子恆爲商。」

管子又有所謂「作內政寄軍令」之法。以鄉兵爲軍事基礎。且極言其效用曰。

「……是故卒伍政定於里。軍旅政定於郊。內教既成。令不得遷徙。故卒伍之人。人與人相保。家與家相愛。少相居。長相游。祭祀相移。死喪相恤。禍福相憂。居處相樂。行作相和。哭泣相哀。是故夜戰其聲相聞。立以無亂。晝夜其目相見。足以相識。驩欣足以相死……」

孟子述古代井田之制亦曰。

「死徙無出鄉。鄉田同井。出入相友。守望相助。疾病相扶持。則百姓親睦。」

漢儒公羊傳宣十五年何注更詳述其制度內容曰。

「夫飢寒並至。雖堯舜躬化。不能使野無寇盜。貧富兼并。雖皋陶制法。不能使强不陵弱。是故聖人制井田之法而口分之。一夫一婦受田百畝……五口爲一家。公田十畝……廬舍二畝半。八家……共爲一井。故曰井田。……

「井田之義。一曰無泄地氣。二曰無費一家。三曰同風俗。四曰合巧拙。五曰通財貨。因井田以爲市。故曰市井……辨田之高下善惡。分爲三品……肥饒不得獨樂。墝埆不得獨苦。故三年一換土易居……是謂均民力。

「在田曰廬。在邑曰里。一里八十戶。八家同一巷。中里爲校室。選其耆老有高德者名曰父老。其有辯護伉健者爲里正。皆受倍田。得乘馬。父老比三老孝弟官屬。里正比庶人在官者。

「民春夏出田。秋冬入保城郭。田作之時。父老及里正且開門坐塾上。晏出後時者不得出。暮不持樵者不得入。

『五穀畢入。民皆居宅。里正緝趨績。男女同巷。相從夜績。至於夜中。故女功一月得四十五日。作從十月盡正月止。男女有所怨恨。相從而歌。飢者歌其食。勞者歌其事。

『男年六十女年五十無子者。官衣食之。……

『十月事訖。父老教於校室。八歲者學小學。十五者學大學。其有秀者移於鄉學。……

『三年耕。餘一年之畜。九年耕。餘三年之積。三十年耕。有十年之儲。雖遇水旱。民無近憂。四海之內。莫不樂其業。……』

綜括上列諸書所述。則古代鄉治主要事業有四。(一)農耕合作。(二)義務教育。(三)辦警察。(四)練鄉兵。其精神則在互助。其實行則恃自動。其在於道德上法律上。則一團之人咸負連帶責任。因人類互相依賴。互相友愛。互相督責的本能而充分利用之。濬發之以搆成一美滿而鞏固的社會。此鄉治之遺意也。

周禮大司徒。『五家爲比。使之相保。五比爲閭。使之相受。四閭爲族。使之相葬。五族爲黨。使之相救。五黨爲州。使之相賙。五州爲鄉。使之相賓。』

其羣集燕會之事。見於儀禮者。有鄉飲酒禮。鄉射禮。見於周禮者。有州社之祭。(州長職)見於禮記者。有賓蜡之祭。(禮運篇)有郵表畷等之祭。(祭法篇)見於論語者。有儺祭。其他如詩經之『琴瑟擊鼓。以迓田祖』(小雅甫田篇)『獻羔祭韭。朋酒斯饗』(七月篇)等。大率以歲時聚集一地方團體之全民。於娛樂之中施以教育焉。諸書所說。是否悉屬古代通行事實。抑有一部分爲著書者述其理想中之社會制度。今未敢懸斷。但左傳記鄭人游於鄉校以議執政(襄公三十一年)則春秋時確有鄉校可知。論語記孔子與鄉人飲酒。則鄉飲酒禮當時通行可知。準此以推。則諸書所說。最少有一大部分應認爲事實。而鄉治精神。殆有足以令人感動者。故孔子與於蜡賓。慨然想慕『大道之行。』(禮運文)又曰。『觀於鄉而知王道之易易也。』(鄉飲酒義文)

戰國以降．士地私有．而農民役於豪强．商業勃興．而社會重心移於都市．鄉治漸失其勢力．而規模亦日以隳壞．然在漢時．郡國猶行鄉飲酒鄉射禮．則其他條目亦當有行者．（？）

儀禮鄭注鄉飲酒禮篇目下云．『今郡國十月行此飲酒禮．』鄉射禮篇目下云．『今郡國行此禮以季春．』

其鄉官則有「三老」「嗇夫」「游徼」分掌教育賦稅獄訟捕盜等事．

漢書百官公卿表云『大率十里一亭．亭有長．十亭一鄉．鄉有三老有秩．嗇夫游徼．三老掌教化．嗇夫職聽訟收賦稅．游徼徼循禁賊盜．』

其職權蓋由國家所賦予．其人蓋由長官所察舉．不純屬自治．但所察任例必為本籍人．

漢書高帝紀『二年二月．令擧民年五十以上有修行能帥衆為善者．置以為三老．鄉一人．擇鄉三老一人為縣三老．與縣令丞尉以事相教．』

多能擧其職．名稱往往著於史冊．

例如壺關三老茂上書詔衛太子寃．見漢書武帝紀．朱邑為桐鄉嗇夫．沒而民祀之．見漢書循吏傳．爰延為外黃嗇夫．仁化大行．見後漢書本傳．

三國六朝．史載蓋闕．惟後魏孝文及後周蘇綽．皆嘗一度刻意復古．頗著成效．至隋開皇間而鄉官盡廢．無復鄉治可言矣．

日知錄卷八．『後魏太和中．李冲上言．宜準古五家立一鄰長．五鄰立一里長．五里立一黨長．長取鄉人循謹者．……孝文從之．史言立法之初．多稱不便．及事既施行．計省昔十有餘倍．於是海內安之．後周蘇綽作六條詔書．曰非直州郡之官皆須善人．爰自黨族閭里正長之職皆當審擇．隋文帝師心變古．開皇十五年始盡罷州郡鄉官．……』

宋程顥為留城令．立保伍法．量鄉里遠近為保伍．使力役相助．患難相恤．奸偽無所容．孤煢老疾者責親黨使無失所．行旅疾病出於途者皆有所養．時稱善政．王安石因之名曰保甲法．其始蓋教民以自衛．使習武事．詰姦盜．

采周禮相保相受之意。而實行商鞅連坐之法。其教育事項生計事項救恤則皆未及焉。其後漸練以爲鄉兵。欲藉以禦外侮。然沮撓者既多。奉行者復無狀。天下騷然。非久旋廢。

熙寧中保甲法。民十家爲一保。選主戶有幹力者一人爲保長。五十家爲一大保。選一人爲大保長。十大保爲一都保。選衆所服者爲都保正。主客戶兩丁以上選一人爲保丁。兵器非禁者聽習。每一大保夜輪五人儆盜。凡告捕所獲。以賞格從事。同保犯强盜殺人……等罪知而不告者依伍保法連坐。熙寧三年始行於畿甸。以次推及全國。四年始令畿內保丁肄習武事。後亦行於全國。至熙寧九年。保甲民兵七百十八萬二千二十八人。詳見宋史兵志。

保甲法雖以安石故爲世訴病。然明洪武十五年清嘉慶十九年猶明詔推行之。其意蓋取消極的維持治安爲國家地方行政之輔助。而行之能否有效。則恆視長官所以督率之者何如。

純粹的鄉自治。古今蓋多有之。惟舊史除國家法制外餘事皆附人以傳。自治非一人之畸行。則無述也。固宜其成績着於史冊者。則有如漢末避亂徐無山中之田疇。蓋立法及一切行政乃至教育等皆不藉官力自舉焉。

三國志田疇傳。『……疇入徐無山中。營深險平敞地而居。躬耕以養父母。百姓歸之。數年間至五千餘家。疇與其父老約束。制相殺傷犯盜諍訟之法。法重者至死。其次抵罪。二十餘條。又制爲婚姻嫁娶之禮。興舉學校講授之業。班行其衆。衆皆便之。至道不拾遺。……』

宋則呂大防及其昆弟大臨等作藍田呂氏鄉約。行之而大效。朱熹復增損約文。廣爲傳播。後此言鄉治者多宗焉。其精神注重教育及患難之周恤。於地方行政及生計事項無所及。

呂氏鄉約有四綱。一德業相勸。二過失相規。三禮俗相交。四患難相恤。朱氏增損本全文見朱子全書卷七十四。前兩綱臚舉若干德目。第三綱述最普通之交際禮節。第四綱分水火、盜賊、疾病、死喪、孤弱、誣枉、貧乏。凡七條。務舉互助互救之實。

明王守仁撫江西。所至教民立鄉約。其約蓋增損呂朱本而去其繁縟禮文。加入公斷。防盜。及禁止重息放債等事項。

看王文成全書卷十七南贛鄉約

此外義田社倉社學宋明以來所在多有義田主恤貧社倉主救荒社學主教育成效如何則存乎其人

義田創自范仲淹社倉創自朱熹社學起原待考

鄉治之善者往往與官府不相聞問肅然自行其政教其强有力者且能自全於亂世盜賊汚吏莫敢誰何例如吾粵之花縣在明末蓋爲番禺縣甌脫地流賊起其民築堡砦自衞淸師入粵固守不肯剃髮不許官吏入境每年應納官課以上下兩忙前彙齊置諸境上吏臨境則交割焉一切獄訟皆自處理帖然相安直至康熙二十一年始納土示服淸廷特爲置縣曰花縣斯可謂鄉自治之極效也已

此事始末淸代官書皆削不載但言昔爲盜窟康熙二十一年盜效順置爲縣而已然吾鄉父老類能言其事吾幼時聞諸先王父蓋有明遺老二人如田疇者爲之計畫主持二老臨終語其人毋復固守民從其言乃納土距淸之興三十餘年矣先王父尙能舉二老姓名惜吾已忘之曾見某筆記中亦約略記此事今亦不能憶其書名容更詳考

大抵吾國鄉治其具有規模可稱述者頗多特其鄉未必有文學之士有之亦習焉不察莫或記載史家更不注意及此故一切無得而傳焉以吾三十年前鄉居所覩聞吾鄉之自治組織由今回憶其足以繫人懷思者旣非一今述其梗概資後之治史者省覽焉

吾鄉曰茶坑距厓門十餘里之一島也島中一山依山麓爲村落居民約五千吾梁氏約三千居山之東麓自爲一保餘袁聶等姓分居環山之三面爲二保故吾鄉總名亦稱三保鄉治各決於本保其有關係三保共同利害者則由三保聯治機關法決之聯治機關曰「三保廟」本保自治機關則吾梁氏宗祠「疊繩堂」

自治機關之最高權由疊繩堂子孫年五十一歲以上之耆老會議掌之未及年而有「功名」者（秀才監生以上）亦得與焉會議名曰「上祠堂」（聯治會議則名曰「上廟」）本保大小事皆以「上祠堂」決之

墨繩堂置值理四人至六人。以壯年子弟任之。執行耆老會議所決定之事項。內二人專管會計。其人每年由耆老會議指定。但有連任至十餘年者。凡值理雖未及年亦得列席於耆老會議。

保長一人。專以應官。身分甚卑。未及年者則不得列席耆老會議。

耆老及值理皆名譽職。其特別權利只在祭祀時領雙胙及祠堂有讌飲時得入座。保長有俸給。每年每戶給米三升。名曰「保長米」由保長親自沿門徵收。

耆老會議例會每年兩次。以春秋二祭之前一日行之。春祭會主要事項爲指定來年值理。秋祭會主要事項爲報告決算及新舊值理交代。故秋祭會時或延長至三四日。此外遇有重要事件發生。卽臨時開會。大率每年開會總在二十次以上。農忙時較少。冬春之交最多。

耆老總數常六七十人。但出席者每不及半數。有時僅數人亦開議。未滿五十歲者只得立而旁聽。有大事或擠至數百人。堂前階下皆滿。亦常有發言者。但發言不當。輒被耆老訶斥。

臨行會議其議題。以對於紛爭之調解或裁判爲最多。每有紛爭。最初由親支耆老和判。不服則訴諸各房分祠。不服則訴諸墨繩堂。墨繩堂爲一鄉最高法庭。不服則訟於官矣。然不服墨繩堂之判決而興訟。鄉人認爲不道德。故行者極希。

子弟犯法。如聚賭鬥毆之類。小者上祠堂申斥。大者在神龕前跪領鞭扑。再大者停胙一季或一年。更大者革胙。停胙者逾期卽復。革胙者非經下次會議免除其罪不得復胙。故革胙爲極重刑罰。

耕祠堂之田而拖欠租稅者停胙。完納後立卽復胙。

犯竊盜罪者。縛其人游行全鄉。羣兒共譟辱之。名曰「游刑」。凡曾經游刑者最少停胙一年。

有姦淫案發生。則取全鄉人所豢之豕。悉行剸殺。將豕肉分配於全鄉人。而令犯罪之家償豕價。名曰「倒豬」。凡曾犯倒豬罪者永遠革胙。

祠堂主要收入爲嘗田。各分祠皆有。墨繩堂最富。約七八頃。凡新淤積之沙田皆歸墨繩堂。不得私有。嘗田由本祠子孫承耕之。而納租稅約十分之四於祠堂。名曰「兌田」。凡兌田皆於年末以競爭投標行之。但現兌此田不欠租者。次年大率繼續其兌耕權。不另投標。遇水旱風災則減租。凡減租之率。由耆老會議定之。其率便爲私人田主減租之標準。

支出以墳墓之拜掃祠堂之祭祀爲最主要。凡祭皆分胙肉。歲杪辭年所分獨多。各分祠皆然。故度歲時雖至貧之家皆得饜飽。

有鄉團。本保及三保聯治機關分任之。置鎗驛彈。分擔其費。團丁由壯年子弟志願補充。但須得耆老會議之許可。團丁得領雙胙。鎗由團丁保管。（或數人共保管一槍）盜賣者除追究賠償外。仍科以永遠革胙之嚴罰。鎗彈由祠堂值理保管之。

鄉前有小運河。常淤塞。率三五年一濬治。每濬治由祠堂供給物料。全鄉人自十八歲以上五十一歲以下皆服工役。惟耆老功名得免役。餘人不願到工或不能到工者須納免役錢。祠堂雇人代之。遇有築堤堰等工程亦然。凡不到工又不納免役錢者受停胙之罰。

鄉有蒙館三四所。大率借用各祠堂爲教室。教師總是本鄉念過書的人。學費無定額。多者每年三十幾塊錢。少者幾升米。當教師者在祠堂得領雙胙。因領雙胙及借用祠堂。故其所負之義務。則本族兒童雖無力納錢米者亦不得拒其附學。

每年正月放燈。七月打醮。爲鄉人主要之公共娛樂。其費例由各人樂捐。不足則歸疊繩堂包圓。每三年或五年演戲一次。其費大率由三保廟出四之一。疊繩堂出四之一。分祠堂及他種團體出四之一。私人樂捐者亦四之一。

鄉中有一頗饒趣味之組織。曰「江南會」。性質極類歐人之信用合作社。會之成立。以二十年或三十年爲期。成立後三年或五年開始抽籤還本。先還者得利少。後還者得利多。所得利息除每歲杪分胙及大宴會所費外。悉分配於會員。（鄉中娛樂費此種會常多捐）會中值理。每年輪充。但得連任。值理無俸給。所享者惟雙胙權利。三十年前。吾鄉盛時。此種會有三四個之多。鄉中勤儉子弟得此等會之信用。以赤貧起家而致中產者蓋不少。

又有一種組織頗類消費合作社或販賣合作社者。吾鄉農民所需主要之肥料曰「麻麪」。常有若干家相約以較廉價購入大量之麻麪。薄取其利以分配於會員。吾鄉主要產品曰葵扇。曰柑。常有若干家相約聯合售出。得較高之價。會中亦抽其所入之若干。此等會臨時結合者多。亦有繼續至數年以上者。會中所得。除捐助娛樂費外。大率每年終盡數擴充分胙之用。

各分祠及各種私會之組織。大率模仿疊繩堂。三保廟則取疊繩堂之組織而擴大之。然而鄉治之實權。則什九操諸疊繩堂之耆老會議及值理。

先君自二十八歲起。任疊繩堂值理三十餘年。在一個江南會中兼任值理亦二三十年。此外又常兼三保廟及各分祠值理。啓超幼時。正是吾鄉鄉自治最美滿時代。

此種鄉自治。除納錢糧外。幾與地方官全無交涉。（訟獄極少）竊意國內具此規模者尚所在多有。雖其間亦恆視得人與否爲成績之等差。然大體蓋相去不遠。此蓋宗法社會蛻餘之遺影。以極自然的互助精神。作簡單合理之組織。其於中國全社會之生存及發展。蓋有極重大之關係。自清末摹仿西風。將日本式的自治規條勵譯成文頒諸鄉邑以行「官辦的自治」。所謂代大匠斲必傷其手。固有精神。泯然盡矣。

自治又必須在社會比較的安寧有秩序時乃能實行。鄉民抵抗力薄。受摧殘亦較易。故每値鼎革喪亂之際。能保持其地位如漢末之徐無山明末之花縣者。蓋甚希。疇昔對斬木揭竿之盜。尙可恃鋤耰棘矜以自衞。今則殺人利器日益精良。非鄉民所能辦。而大盜復從而劫持之。例如吾粵自國民政府成立後。盡奪各鄉團自衞之鎗械。於是民只能束手以待盜之魚肉。田疇且鞠爲茂草。其他建設更何有。恐二千年來社會存立之元氣自此盡矣。

第八章　都市

歐洲各國。多從自由市展擴而成。及國土既恢。而市政常保持其獨立。故制度可紀者多。中國都市。向隸屬於國家行政之下。其特載可徵者希焉。現存之書。若三輔黃圖長安志東京夢華錄夢粱錄武林舊事春明夢餘錄日下舊聞等。其間可寶之史料雖甚多。然大率詳於風俗略於制度。其所記述又限於首都。至如兩京三都諸賦。則純屬文學作品。足資取材者益少。本章惟於所記憶之範圍內。對於一二首都爲斷片的記述。而近世之商業都市則較詳焉。續蒐資料。更當改作也。

古代蓋無鄉市之別。『民春夏出田。秋冬入保城郭。』（公羊傳宣十五年何注文）城郭不過農民積儲糗糧歲終休燕之地而已。其後職業漸分。治工商業者。吏之治人者。皆以闤闠城闕為恆居。於是始有「國」與「野」之分。野擴為村落。國衍為城市。

孟子滕文公篇。『請野九一而助。國中什一使自賦。』又萬章篇。『在國曰市井之臣。在野曰草莽之臣。』周禮中邦國都鄙對文。或國與鄙對文尤多。鄙即野也。說文。『或邦也。』邦國之國字實以「或」字為正文。外加囗者表垣壁保衆之意。即古代「秋冬入保」之地也。

後此城市。可分為政治的軍事的商業的之三種。古代則同出一源。蓋築為崇墉以保積聚。以圉寇盜。而商旅亦於是集焉。其後政務漸擴。即以為行政首長所注地。為出令之中樞。故最初之都市皆政治都市也。市行政即占中央行政之重要一部分。周禮天官之內宰。地官之司市、質人、廛人、胥師、賈師、司虣、司稽、肆長、泉府、司門、司關、秋官之禁暴氏。野廬氏。蜡氏。雍氏。萍氏。司寤氏。司烜氏諸職。其所職掌。類皆今世市政府所有事也。

內宰掌建國立市事。
司市總掌市之治教政刑量度禁令。
質人掌稽市之書契質劑裁判買賣之爭議。
廛人掌市之徵收事項。
胥師賈師察詐僞平物價。
司虣司稽掌維持市之秩序。
泉府掌官賣事業及金融。
司門司關掌入市稅。
禁暴氏掌禁民衆之亂暴及不法集會者。
野廬氏掌修理掃除道路。種樹。及其他道禁。

蜡氏掌掩埋市中屍骴.

雍氏掌溝渠.

萍氏掌水禁.其職略如水上警察.

司寤氏掌夜禁.

司烜氏掌火禁.

使周禮若全部可信.則周時市政之特點略如下.一曰貨品須經市官檢查.有妨害風化或治安及竄僞者皆禁之.

司市.『以政令禁物靡而均市.以賈民禁僞而除詐.凡市僞飾之禁.在民在商在賈在工者各十有二』王制列舉某物某物不粥於市者若干事.與此相應.

二曰賣買契約有一定程式.由市官登記.市官得聽判商事訴訟.訴訟有「時效」的限制.

質人.『掌成市之貨賄.凡賣買者質劑焉.大市以質.小市以劑.掌稽市之書契.……凡治質劑者.國中一旬.郊二旬.野三旬.都三月.邦國朞.期內聽.期外不聽』

三曰市官得斟酌情形.干涉物價之騰貴.貨物滯銷者.市官則買入之以轉賣於人.

賈師.『凡天患禁貴賣者.使有恆價.四時之珍異亦如之』

泉府.『斂市之不售貨之滯於民用者.以其價買之.物揭而書之.以待不時而買者』

四曰市官得貸錢與民而取其息.略如現代之銀行.

泉府.『凡賒者.祭祀無過旬日.喪紀無過三月.凡民之貸者.與其有司辨而授之.以國服爲之息』

五曰市有巡察之官.略如今之警察.犯違警罪者得處罰之.

司虣『掌憲市之禁令禁其鬬囂者與其暴亂者出入相陵犯者以屬游飲食於市者若不可禁則搏而戮之』

司稽『掌巡市而察其犯禁者與其不物者而搏之掌執市之盜賊以徇』

胥『執鞭度而巡其前……凡有罪者撻戮而罰之』

禁暴氏『掌禁庶民之亂暴力正者……凡國聚衆庶則戮其犯禁者以徇』

六曰得收入市稅或免之

司關『凡貨不出於關者舉其貨罰其人國凶札則無關門之征』

七曰有專官掌埽除道路及道旁種樹等事又有專司救火者

掌固『修城郭溝池樹渠之固』

野廬氏『掌國道路宿息林樹掌凡道禁』

司烜氏『以木鐸修火禁邦若屋誅則爲明竁焉』

八曰有公立旅館

遺人『凡國野之道十里有廬廬有飲食三十里有宿宿有路室路室有委五十里有市市有候館候館有積』

周禮雖不敢信爲周公之書然據其他傳記所散見則春秋時列國國都並行政實頗纖悉周備故陳國司空不視塗道無列樹而單襄公卜其將亡孔子爲魯司寇而朝不飲羊市無誑價

單襄公事見國語周語「定王使單襄公聘於宋」篇孔子事見荀子儒效篇及僞家語

戰國時舊邦次第翦滅併爲七雄政治勢力漸趨於集中而大都市亦隨之而起齊表東海泱泱大風自管仲時卽以工商立國至威宣而益盛故稷下談士萃文化之藪臨菑戶著極殷樂之觀

史記田敬仲世家『齊宣王喜文學游說之士……七十六人皆賜列第爲上大夫不治而議論是以齊稷下學士復盛且數百千人』

齊策。『臨菑之中七萬戶。……臨菑甚富而實其民無不吹竽鼓瑟彈琴擊筑鬥鷄走狗六博蹋鞠者臨菑之塗車轂擊人肩摩連袵成帷舉袂成幕揮汗成雨家殷人足志高氣揚』

自餘各國都會故實雖書闕有間而弘敞殷盛殆相彷彿。

越絕書記『吳大城周四十七里二百一十步二尺陸門八其二有樓水門八南面十里四十二步五尺西面七里百一十二步三尺北面八里二百二十六步三尺東面十一里七十九步一尺吳郭周六十八里六十步』所記里步詳細如此決非臆造然則春秋戰國間吳故城其大幾等今之北京矣。

越絕書又言『吳市者春申君所造闕兩城以爲市在湖里』市而闕兩城爲之則其大可想。魏之大梁趙之邯鄲其實況雖無可考然據史記信陵平原諸傳猶可彷彿其一二。

秦漢以降政治統一全國視聽集於首都秦始皇及漢諸帝先後移各地彊宗大俠豪富以實長安所謂『三選七遷充奉陵邑所以强幹弱枝隆上都而觀萬國』(班固西都賦文)其政策與近世法王路易十四之鋪張巴黎蓋相似。

史記秦始皇本記『秦幷天下……徙天下豪富於咸陽十二萬戶……每破諸侯寫放其宮室作之咸陽北阪上南臨渭自雍門以東至涇渭殿屋複道周閣相屬』

漢書地理志『漢興立都長安徙齊諸田楚昭屈景及諸功臣家於長陵後世世徙吏二千石高訾富人及豪桀幷兼之家於諸陵盖亦以彊幹弱支非獨爲奉山園也』

西漢盛時長安以政治首都同時並爲商業首都壯麗殷闐超越前古。

班固西都賦『建金城其萬雉呀周池而成淵披三條之廣路立十二之通門內則街衢洞達閭閻且千九市開場貨別隧分人不得顧車不得旋闐城溢郭傍流百廛江塵四合烟雲相連』

張衡西京賦『廓開九市通闤帶闠旗亭五重俯察百隧』

三輔黃圖『長安市有九各方二百六十六步六市有道西三市在道東凡四里爲一市致九州之人在突門夾橫橋大道市樓皆重屋又有

旗亭樓在杜門大道南又有當市樓有令署以察商賈貨財買賣貿易之事三輔都尉掌之

市民品流複雜習俗豪侈最稱難治

西都賦『於是旣庶且富娛樂無疆都人士女殊異乎五方游士擬於公侯列肆侈於姬姜鄉曲豪俊游俠之雄節慕原嘗名亞春陵連交合衆騁騖乎其中』

漢書地理志『……是故五方雜厝風俗不純其世家則好禮文富人則商賈爲利豪傑則游俠通姦瀕南山近夏陽多阻險輕薄易爲盜賊常爲天下劇又郡國輻湊浮食者多民去本就末列侯貴人車服僭上衆庶倣效羞不相及嫁娶尤崇侈靡送死過度』案據以上諸文可見漢時長安實具有近代各國大都市之規模

漢制掌市政之官一曰京兆尹及長安令（東漢則河南尹與洛陽令）其常職雖同於郡國守相及縣令長管其所屬郡縣之一切民事然其課績實以首都治理之能舉與否爲殿最若比附今制則京兆尹正如倫敦巴黎之市長也漢代以「徙郡國豪傑實關中」故市民複雜撫御最難加以達官貴戚所聚撓法者多故京兆尹必以武健綜覈者爲稱職如雋不疑、韓延壽、趙廣漢、王尊、王章皆其選也其夙以循良著稱如黃霸之流一登斯職聲譽頓減焉

漢書百官公卿表『內史周官秦因之掌治京師景帝二年分置左內史右內史武帝太初元年更名京兆尹左內史更名左馮翊』

漢書張敞傳稱『京兆典京師長安中浩穰於三輔尤劇』雋不疑傳稱『不疑爲京兆尹京師吏民敬其威信』趙廣漢傳稱『廣漢爲京兆尹發長安吏自將至博陸侯霍禹第搜索私屠酤又率長安丞捕賊』

張敞傳稱『敞爲京兆尹長安市無偷盜』則長安吏卒皆統率於京兆尹可知

漢京兆尹職權甚大可以專行誅殺看漢書卷七十六趙尹韓張兩王列傳便知其概

漢書酷吏傳『義縱遷長安令直法行治不避貴戚尹賞以三輔高第選守長安令得一切便宜從事』

後漢書董宣傳『特徵爲洛陽令搏擊豪強莫不震慄』又周紆傳『徵拜洛陽令貴戚跼蹐京師肅淸』可見兩漢之長安洛陽二令苟得其人則亦能行其職權

二曰執金吾。掌徼巡京師。擒姦討猾。其職略如今之警察。

唐六典『中尉秦官掌徼巡京師』

漢書百官公卿表『中尉掌徼循京師。武帝太初元年更名執金吾』

後漢書注引漢官『執金吾緹騎五百二十人輿服導從光滿道路羣僚之中斯最壯矣。世祖歎曰「仕宦當作執金吾」。』

崔豹古今注（玉海引）『金吾棒也以銅爲之御史大夫司隸校尉亦得執焉』案此棒疑爲衛士所執若今警察之持棍。北齊書崔暹傳『暹爲御史中尉世宗出之東山遇暹在道前驅爲赤棒所擊世宗回馬避之』北齊之御史中尉其職正如漢之執金吾導從皆持赤棒時高澄正以世子執朝政見之亦須避道也。

三曰司隸校尉。初本暫設。與執金吾權限不甚分明。其後遂爲統部之官。等於州牧。京師市政非所管矣。

漢書百官公卿表『司隸校尉武帝征和四年初置。持節從中都官徒千二百人捕巫蠱。督大姦猾。後罷其兵。察三輔三河弘農』

玉海引漢儀『司隸校尉職在典京師外部諸郡無所不糾。』案司隸本武帝末年爲察捕巫蠱。一時權設其職略如民國以來所謂軍警執法處衛戍總司令等其職權與執金吾相混亦正如總司令部之與警察廳爭權其後權力日張則三輔（京兆尹左馮翊右扶風）皆其屬部故漢地理志以京兆等郡爲司隸所部而六朝以降則直改稱「司州」矣

後漢書鮑永傳『永爲司隸校尉帝（光武）叔父趙王良尊戚貴重永以事劾良大不敬……』又辟鮑恢爲都官從事恢亦抗直不避彊禦帝常曰「貴戚且宜斂手以避二鮑」……』案此可見東漢初司隸職權之一斑

右三官者。皆以國家大吏（官皆中二千石）而綰都市之政。其主要職責在摧豪强糾奸慝以維持市之秩序。至於市官有令丞等職。則皆小吏奉行細故。不足爲重輕也。

漢書百官表京兆尹所屬有長安市廚兩令丞左馮翊所屬有長安四市四長丞。

右三官者。後代遞相沿襲。而職權之伸縮。因時而異。西漢之京兆尹。在東漢魏晉則爲河南尹。在東晉宋齊梁陳

則爲丹陽尹．在北魏都代時爲萬年尹．遷洛後爲河南尹．在後周及隋皆爲京兆尹．唐則京兆河南太原三尹．五代北宋則開封尹．南宋則臨安尹．遼則五京皆以留守行尹事．金則爲大興府尹．元則大都路都總管．明清則順天府尹．民國復爲京兆尹．歷代之中兩漢及兩宋尹權最重．苟得其人．則於市政能有所整飭．六朝則恆爲要人領兵者所兼．於吏事市政兩無關焉．唐則專爲地方官．監屬縣之治而已．元明皆以應辦官府供需．與清末各省首縣職權相類．清及民國則爲地方官．略如唐制．京師坊市之事．非所過問．此其大較也．

執金吾與司隸校尉．職權本相混．魏晉復漢初名爲中尉．東晉稱北軍中候．宋齊梁陳皆爲衞尉．北魏爲城門校尉．隋爲左右武候大將軍．唐五代爲左右金吾衞大將軍．宋爲左右金吾衞司仗司．金元爲都指揮使司．明爲錦衣衞親軍指揮使司．其後復設東廠．以內監領之．故並稱廠衞．清爲步軍統領．清末置警部及京師警察廳．警部後改爲民政部．民國復改爲內務部．又別置京師市政公所．以內務部次長領之．而步軍統領仍存．專管四郊．至十三年始併於警廳焉．又常有所謂衞戍總司令警備總司令等．與警察對峙．權力恆在其上．此歷代首都保安機關沿革之大凡也．

凡此組織．皆與市政之獨立市民之自治．絕無關係．然歷史事實之所以詔吾儕者．實止於此．一言蔽之．則吾民族只有鄉自治之史蹟．而無市自治之史蹟而已．首都如此．其他大小都市．亦壹皆由地方官吏主持．可以類推．歷代都市狀況．雖故事雜記中間有紀載．然皆瑣屑散漫．難可條次．今略舉其有述者．則——漢長安街道修廣平直．列樹甚多．

三輔決錄『長安城面三門．四面十二門．皆通達九逵．以相經緯．衢路平正．可並列車軌．三塗洞開．隱以金椎．周以林木．左出右入．爲往來之徑，行者升降有上下之別。』

東漢末洛陽曾以機引水灑掃道路。

後漢書宦者傳『作翻車渴烏施於平門外橋西用灑南北郊路以省百姓灑道之費。』

苻堅時長安沿郊有旅館街中有列樹北魏孝文時之洛陽亦然。

晉書苻堅載記『自長安至於諸州皆夾路樹槐柳二十里一亭四十里一驛旅行者取給於塗工商貿販於道百姓歌之曰「長安大街夾樹楊槐下走朱輪上有鸞棲」……』

楊衒之洛陽伽藍記『伊雒之間夾御道有四夷館……附化之民萬有餘家門巷修整閶闔塡列靑槐蔭陌綠柳垂庭……』

北魏時洛陽市面積甚大商民以職業分別部居。

洛陽伽藍記『御道南有洛陽大市周迴八里市東有通商達貨二里里內之人盡皆工巧屠販爲生資財巨萬市南有調音樂律二里……市西有退酤治觴二里……市北有慈孝奉終二里……別有準財金肆二里富人在焉凡此十里多諸工商貨殖之民千金比屋層樓對出……』

隋則於長安洛陽盛開河渠。

徐松唐兩京城坊考『長安龍首渠永安渠皆隋開皇三年開淸明渠亦開皇初開洛陽通津渠隋大業元年開。』

陰渠之制蓋起於漢武帝時其後魏武帝行之於鄴唐代似亦行之於洛陽（？）元明以降則大行於北京。

史記河渠書『武帝初發卒萬餘人穿渠自徵引洛水至商顏下岸善崩乃鑿井深者四十餘丈往往爲井井下相通行水水頹以絕商顏東至山嶺十餘里』

水經注『魏武引漳流自城西東入逕銅雀臺下伏流入城東注謂之長明溝。』

唐兩京城坊考『洩城渠自含嘉倉出流入漕渠』名曰「洩城」似是宣洩汙水其制爲陰爲陽無考今北京沿城之陰溝——卽大明濠蓋起於元代明淸因之及民國而廢。

盛唐長安中公園。蓋天子與庶民同樂。

曲江宮殿櫛比。同時又爲都人士游賞之地。杜詩『江頭宮殿鎖千門。』其麗人行又寫士女雜沓游冶之狀。且書『愼勿近前丞相嗔。』自餘詩文紀曲江宴游者甚多。文宗太和九年敕『都城勝賞之地。唯有曲江。承平以前亭館接連。近年廢毀。思俾葺修。要創置亭館者。給與閒地。任其營造。』

在今日研究古都市狀況。其資料較多者。惟南宋之臨安（杭州。）蓋有吳自牧夢粱錄。周密武林舊事兩書。里巷瑣故。往往甄錄。又歐人馬可波羅游記亦多稱述焉。今於其坊陌之繁麗。士女之昌丰。不必多述。剌舉如下數事。以見其概。臨安全盛時人口蓋百萬（？）除官俸米由官支給外。每日民間食米由米鋪供給者。尙需二千石（？）戶數約三十萬（？）

夢粱錄卷十八戶口條引乾道志人口十四萬五千八百八。淳祐志三十二萬四百八十九。咸淳志四十三萬二千四十六。其卷十六米鋪條則云『城內外不下百十萬口。每日街市食米。除府第官舍宅舍富室及諸司有該俸人外。細民所食。每日城內外不下二千餘石。皆需之鋪家。』

武林舊事卷六。『俗諺云「杭州人一日吃三十丈木頭。」以三十萬家爲率。大約每十家日吃擂槌一分。合而計之。則三十丈矣。』案擂槌蓋舂米之杵。

其人口登記甚周悉。

馬可波羅游記。『每家必以家人姓名書之門上。妻子。奴隸。同居友人。須一一記入。人死則刪舊名。育兒則添新名。故國家周知人口多少。遠客至京師者。逆旅主人須以客之姓名並來去時日登記入簿。』

其所屬市鎭十有五。略如今之分劃市區。

見夢粱錄卷十三兩赤縣市鎭條。

其市肆則以貨物種類分地段。

舊事卷六諸市條載各行市所在地。如藥市在炭橋。花市在官巷。書坊在橘園亭……等。

其事管市政之官曰點檢司（?）

夢粱錄武林舊事多言點檢司辨某事某事。大概是管市政之官。其官似屬於戶部。

市之收入不得其詳。大抵酒稅占重要部分。

舊事卷六『點檢所酒息日課以數十萬計。而諸司邸第及諸州供送之酒不與焉』

其民以服色辨職業。

夢粱錄卷十八『士農工商諸行百戶衣巾裝著皆有等差。香鋪人頂帽披背子。質庫掌事裹巾著皂衫角帶。街市買賣人各有服色頭巾。可辨是何名目人』

民俗敦厚。樂相友助。尤敬愛外客。

夢粱錄卷十八風俗條『人皆篤高誼。若見外方人爲人所欺。衆必爲之救解。或有新搬來居。則鄰人爭借動事。遺獻湯茶。指引買賣。吉凶事出力與之扶持』又云『富家每沿門親察貧家。遇夜以碎金銀或錢令插於門縫。以周其苦。俾使晨開戶得之如自天降』游記『其人從未有執兵器自衞者。亦無喧嘩忿爭之事。工商家與人貿易尤誠樸無欺。待外國人尤懇摯。忠告輔助如不及』又云『國中絕無游民。夜不閉戶』

其學校有大學。學生一千七百十六人。有醫學。學生二百五十人。

看夢粱錄卷十五學校條。

其慈善事業有施藥局。慈幼局。養濟院。漏澤園。及米場柴場。

施藥局每年官撥錢十六萬貫。以賞劑課督醫員。慈幼局雇乳媼育棄兒。養濟院收養老病者。漏澤園十二所。收瘞遺骸。米場柴場。官收買柴米。以原價售與貧民。詳見夢粱錄卷十八恩沛軍民條。」

游記云。『路有殘疾不能謀生者。即引至病院。公費給養。無疾游民。則迫充公役。』

其巡警分二十二區。其救火事業設備極周。

看夢粱錄卷十防隅巡警條。帥司節制軍馬條。（原文太長不錄）游記亦言『地多火災。故火禁極嚴。救火極敏捷。萬二千石橋。每橋有司擊柝者。救火者由各橋鬮集。動以千數。』

淳祐臨安志卷六。『輦下繁盛。火政當嚴。自趙公與𥲅尹正京邑。因嘉定以來成規。增置潛火軍兵。總爲十二隅七隊。皆就禁軍數內抽撥。』

此當時消防隊沿革之大凡也。該志詳述各區人數。十二隅共千一百二十二人。潛火七隊共八百七十六人。城南北廂潛火隅兵千八百人。城外四隅千二百人。合計四千九百九十八人。

有保險倉庫數十所。設於水中央。

夢粱錄卷十九塌房條。『城郭內北關水門裏。有水路周迴數里。於水次起造塌房數十所。爲屋數千間。專以假賃與市郭間鋪席宅舍及客旅。寄藏物貨。四面皆水。不惟可避風燭。亦可免偷盜。必月月取索假賃（租錢）者。管巡廊錢也。（因須支給守夜巡警薪水）』

有公設浴室三千所。

游記云。『其民好潔。間日輒浴。浴室之美備洪大爲天下最。』

有公設酒樓十一所。極壯麗。

武林舊事卷六臚舉其名如和樂樓豐樂樓等。云『已上並官庫。每庫設官妓數十人。各有金銀酒器千兩以供飲客之用。每庫有祗直者數人。名曰下番。……凡肴核盃盤。各隨意撋至。庫中初無庭人。……』案吳文英周密皆有登豐樂樓長詞。調寄鶯啼序。讀之可見此項酒樓游賞之勝。豐樂樓後因大學學生爭坐鬧事。停止公開。見舊事卷五。

私家園林亭館皆公開游覽。

舊事卷五湖山勝概篇所記皆公共游覽之地。其中私人園館甚多。私館公開。蓋宋時風俗如此。觀洛陽名園記可知。至今西湖諸園。依然爲中公開的亦沿宋舊也。

公園亦天子與庶民同樂

舊事卷三載朱靜佳六言詩『柳下白頭釣叟。不知生長何年。前度君王遊幸。賣魚收得金錢。』又載孝宗常經斷橋旁小酒肆。見太學生俞國寶所題風入松一詞。爲之改竄。可見天子雅游。不異民庶。

全市有石橋一萬二千座。高者雖大艦亦可通行。道路皆以石礫築成。兩旁設分道。各闊十步。其下爲溝。以洩積水。有公差常司淘運。

俱見游記。所謂溝者。爲陽溝抑陰溝。俟查原文乃明。

夢粱錄卷十三『街道巷陌。官府差雇淘渠人沿門通渠。道路汚泥。差雇船隻搬載鄉落空閒處。』

諸如此類可紀者甚多。在九百餘年前有此等市政。良可以無慚於世界其他都市。書闕有間。不能一一論列也。

復次述商業都市。春秋前之商業。不足以成都市。商業都市。蓋萌芽於春秋之末。而漸盛於戰國中葉以後。當時政治都市。實惟各國之都。然自工商業勃興。則地之交通利便。爲貨物集散綰轂者。自然爲商旅所萃。而新都市興焉。故范蠡逐時於陶。呂不韋居奇於陽翟。皆非國都也。

史記貨殖列傳『范蠡乘扁舟遊於五湖。在陶爲朱公。朱公以陶爲天下之中。諸侯四通。貨物所交易也。』案陶今山東定陶縣。

史記呂不韋列傳『不韋陽翟大賈也。』案陽翟今河南禹縣。

秦漢以降。政治都市集於一。此外則以商業所萃爲發展主要條件。司馬遷序傳貨殖。最能了解此中消息。傳中所舉當時大都市如下。

（甲）關中區域（潼關以西今陝西四川甘肅諸省）

（一）長安（今陝西長安縣）

『關中自汧雍以東至河華。膏壤沃野千里。……秦孝文繆居雍隙隴蜀之貨物而多賈。獻孝公徙櫟邑。櫟邑北卻戎翟。東通三晉。亦多大賈。武昭治咸陽。因以漢興長安諸陵。四方輻湊。並至而會。地小人衆。……』

（二）巴蜀（今四川）

『巴蜀亦沃野。地饒巵。薑丹沙。石。銅。鐵。竹木之器。南御滇僰。僰僮。西近邛笮。笮馬旄牛。然四塞。棧道千里。無所不通。唯褒斜綰轂其口。』

（三）天水（今甘肅通渭縣）隴西（今甘肅狄道縣）北地（今甘肅環縣）上郡（今陝西榆林道及內蒙鄂爾多斯左翼地）

『天水隴西北地上郡與關中同俗。然西有羌中之利。北有戎翟之畜。畜牧為天下饒。』

（乙）三河區域（今河南全省及山西南部）

（一）河東之楊（今山西洪洞縣）平陽（今山西臨汾縣）

楊平陽西賈秦翟。北賈種代。種代。石北也。地邊胡。數被寇。人民矜懻忮。好氣任俠。為姦。不事農商。然迫近北夷。師旅亟往。中國委輸。時有奇羨。……故楊平陽陳椽其間得所欲。』

（二）河內之溫（今河南溫縣）軹（今河南濟源縣）

『溫軹西賈上黨。北賈趙、中山。中山地薄人衆。猶有沙丘紂淫地餘民。民俗懁急。仰機利而食。』

（三）河南之洛陽（今河南洛陽縣）

『洛陽東賈齊魯。南賈梁楚。』

（四）潁川（今河南禹縣）及南陽之宛（今河南南陽縣）

『潁川南陽。夏人之居也。……南陽西通武關鄖關。東南受漢、江、淮、宛亦一都會也。俗雜好事業。多賈。其任俠交通潁川。

(丙)燕趙區域(今直隸)

(一)趙故都邯鄲（今直隸邯鄲縣）

「邯鄲亦漳河之間一都會北通燕涿。南有鄭衞。鄭衞俗與趙相類。然近梁魯。微重而矜節。濮上之邑徙野王。野王爲氣任俠。」

(二)燕故都燕（今京師）

「夫燕亦勃碣之間一都會也。南通齊趙。東北邊胡。上谷至遼東。地踔遠。人民希。數被寇。大與趙代俗相類。而民雕悍少慮。有魚鹽棗栗之饒、北鄰烏桓。扶餘東綰濊貉朝鮮眞番之利。」

(丁)齊魯梁宋區域(今山東全省及河南東部江蘇北部)

(一)齊故都臨菑（今山東濟南）

「齊帶山海膏壤千里。宜桑麻。人民多文綵布帛魚鹽。夫臨菑亦海岱之間一都會也……其中具五民。」

(二)陶（今山東定陶縣）睢陽（今河南商丘縣）

「夫自鴻溝以東芒碭以北屬巨野。此梁宋也。陶、睢陽亦一都會也……好稼穡。雖無山川之饒。能惡衣食。致其蓄藏。」

(戊)楚越區域(今淮河及長江流域各省及其以南)

(一)西楚之楚故都江陵（今湖北江陵縣）

「夫自淮北、沛、陳、汝南、南郡。此西楚也。其俗剽輕易發怒。地薄。寡於積聚。江陵故郢都。西通巫巴。東有雲夢之饒。」

(二)西楚之陳（今河南陳留縣）

「陳在楚夏之交。通魚鹽之利。其民多賈。徐、僮、取慮。」

(三)東楚之吳（今江蘇蘇州）

『彭城以東，東海、吳、廣陵，此東楚也。其俗類徐、僮。朐、繒以北，俗則齊。浙江南則越。夫吳自闔廬、春申、王濞三人招致天下之喜游子弟，東有海鹽之饒，章山之銅，三江五湖之利，亦江東一都會也。』

(四)南楚之楚故都壽春今安徽壽縣及合肥今安徽合肥縣

『衡山、九江、江南、豫章、長沙，是南楚也，其俗大類西楚。郢之後徙壽春，亦一都會也。而合肥受南北潮，皮革、鮑、木輸會也。』

(五)越之番禺今廣東廣州

『九疑、蒼梧以南至儋耳者，與江南大同俗，而揚越多焉。番禺亦一都會也，珠璣、犀、瑇瑁、果、布之湊。』

據貨殖傳所言『關中之地，於天下三分之一，而人衆不過什三；然量其富，什居其六。』故右表所謂第一區域者，實占當時全國財富之過半。而其惟一大都市即京師—長安。巴蜀、隴西諸地，實不過長安之貿易區域及物品供給地而已。故傳中亦不數其都市之名。蓋關中都市之發達，爲絕對的集中狀態也。此外大都市則在今河南者七，在今直隸、山東、山西、安徽者各二，在今江蘇、湖北、廣東者各一，其他諸省無聞。可見當時經濟狀況，北豐而南嗇。其在北地，則西部尤殷賑焉。今所謂東南富庶之區者，西漢全盛時則『江淮以南，無凍餒之民，亦無千金之家』，氣象適相反矣。

漢後江淮以南，逐漸開拓。三國時吳之鼎立，以至晉、宋兩次南渡，在政治上爲分化發展，經濟上亦當然隨之爲轉移。長江流域及東部沿海岸線，陸續發生新都市。二千餘年間，變化殊著，其大勢別在地理篇論之，今不詳敍。

現代之商業都市，大約可以現行之八十九個大小通商口岸總括無遺。換言之，則今日海關、常關所在地，即全國商業集散之要所。再換言之，則商業市之繁榮，實以對外貿易之關係爲主要條件也。今專就此部分爲歷史

的觀察說明我國「通商口岸」之來歷．

中外交通自漢初．卽以廣州爲孔道．貨殖傳所謂『番禺一都會．珠璣犀瑇瑁果布之湊．』蓋貨品自海外來者集焉．東漢末中國與羅馬之海道交通．殆卽以交州或廣州爲鍵．

後漢書西域傳．『桓帝延熹九年．大秦王安敦遣使自日南徼外獻象牙犀角瑇瑁．』

中國印度間之海通．西漢時似已頗盛．其海程見班志．而綰轂之者則廣東也．

漢書地理志．『自日南障塞徐聞合浦船行可五月有都元國．又船行可四月有邑盧沒國．又船行可二十餘日有諶離國．步行可十餘日有夫都甘盧國．自夫都甘盧船行可二月餘有黃支國……黃支之南有已程不國．漢之譯使自此返矣．』據此則漢時航路出發點．不在今廣州市而在今廣州灣．已程不．丁謙謂屬南印度境．待考．

廣州以通商關係．故自漢至隋．繼續發達．觀官吏貪黷之跡．可想見市廛殷賑之概．

晉書吳隱之傳．『廣州包帶山海．珍異所出．一篋之寶．可資數世……故前後刺史皆多黷貨．』

南齊書王琨傳．『廣州刺史但經城門一過．便得三十萬也．』

隋書侯莫陳穎傳．『時朝廷以嶺南刺史縣令貪鄙．蠻夷怨叛．妙簡淸吏以鎭撫之．』

隋末迄唐．大食（阿剌伯）波斯人與中國貿易極盛．中國通商口岸．因此漸擴充及於廣州以外．外國人著述中關於此方外之記載．最古者爲九世紀中葉阿剌伯地理學家伊般哥達比 Ibn khordadbeh 之道程及郡國志．

此書一八六五年譯成法文．一八八九年重譯成荷蘭文．據歐洲學者所考定．大概爲八四四年至八四八年間（唐武宗會昌四年至宣宗大中二年）作品．此書吾未得見．以下所引．據日本桑原隲藏著伊般哥達比中之支那貿易港文中．（史學雜誌三十卷十號）但桑原亦未見原書．亦從歐人論文中轉引云．

據彼書所記則中國當時通商口岸有四最南者爲 Loukin 迤北曰 Khanfou 更迤北曰 Djaufau 最北曰 Kantou 經東西學者考證辨難之結果則第一口岸爲龍編實今安南境之河內第二爲廣府卽廣州第三爲泉府卽廈門第四爲江都卽揚州

原書略云『自 Semb（此爲印度地名卽玄奘西域記之瞻波義淨寄歸傳之占波新唐書之占婆）至中國第一口岸 Loukin 水陸路皆約一百 Farsange 由此往 Khanfou 海行四日陸行二十日由 Khanbou 行八日至 Djanbou 更行六日至 Kontou』此四市所在地東西學者不一其說今據桑原所徵引定爲以上四地其各家所根據之理由恕不詳引

還觀中國記載則當時沿海大市實惟此四處文宗太和八年曾下詔言『嶺南福建及揚州蕃客』之當保護令各節度使優待嶺南蓋包舉龍編廣州二地福建則泉州揚州則江都也

全唐文卷七十五太和八年詔『南海蕃舶本以慕化而來固在接以仁恩使其感悅如聞比年長吏多務徵求嗟怨之聲達於殊俗……其嶺南福建及揚州蕃客宜委節度使常加存問……任其來往通流自爲交易』

案唐時安南都護府屬嶺南道龍編卽嶺南節度使下之一縣（看舊唐書地理志上）伊般書中四市此詔僅舉三地以兩市隸嶺南也

當時回教隨大食商人勢力入中國其根據地亦卽廣泉揚三州

明何喬遠閩書卷三七『……門徒有大賢四人唐武德中來朝遂傳教中國一賢傳教廣州二賢傳教揚州三賢四賢傳教泉州』

故知唐時通商口岸可指數者實如伊般氏所云也今依其順序加以敍述

其一龍編卽今安南之河內——

續漢書郡國志引交州記云『龍編縣西帶江有仙山數百里』

舊唐書地理志嶺南道安南都護府條下云『貞觀元年置』

元和郡縣志卷三十八『龍編縣在交州東南四十五里』

蓋外船入境之第一碼頭。先經彼而後達廣州。

舊唐書地理志。『交州都護。制諸蠻。其海南諸國大抵在交州南及西南。居下海中洲上。相去或三五百里。三五千里。遠者二三萬里。』自漢武以來朝貢必由交趾之道。』

唐李肇國史補卷下。『南海舶。外國船也。每歲至安南廣州。』

中唐以後。且曾議於其地設市舶司焉。

陸宣公奏議卷十八有『論嶺南請於安南置市舶中使狀』一篇。內云。『嶺南節度使奏。「近日船舶多往安南市易。」……』

其名亦屢見於詩人謳歌及公牘。

沈佺期有「度安海入龍編」一詩。見全唐詩卷四。陸龜蒙詩云。『路入龍編海舶遙。』見全唐詩卷二十三。

高駢回雲南牒敍平定安南事蹟云。『比者親征海裔。克復龍編。』見全唐文卷八十二。

蓋自兩漢時。今兩廣之地。全屬交州刺史治。而龍編實爲其首府。東漢建安十五年交州刺史始移治番禺故入唐猶爲商業重鎭。駸駸與廣州爭席。及淸光緒十一年以後。安南割隸法國。龍編繁盛之蹟。只留供讀史者之憑弔而已。

其二廣州。——廣州自漢以來既爲一都會。及唐則市舶使在焉。市舶使者。海關之起源。總管對外貿易而直隸於政府者也。其始置之年無考。

市舶使爲唐代創置無疑。但自唐六典至舊唐書職官志。新唐書百官志皆不載其官。故無從考其始置之年。（顧炎武天下郡國利病書卷百二十言貞觀十七年始置實誤。引宋史紹興十七年之文。桑原氏辨之甚詳。）

惟玄宗開元初既有是官。似是特派大員專領。

市舶使之名最初見於史者曰周慶立。新唐書柳澤傳云。『開元中監嶺南選。時市舶使周慶立造奇器以進。』又册府元龜卷五四六云。『柳澤開元二年爲嶺南監選使。會市舶使右衞威中郎將周慶立波斯僧及烈等廣造奇器異巧以進。……』似其官爲特派。非節度使兼領。

又舊唐書玄宗紀『開元二年周慶立爲安南使舶使．』似其時舶使駐安南也．

時亦似宦官任之．

通鑑卷二二三胡注『唐置市舶使於廣州．以收商舶之利．時以宦者爲之．』

舊唐書代宗紀『廣德元年十二月甲辰．宦官市舶使呂太一逐廣南節度使張休．縱下大掠廣州．』杜甫詩『自平中官呂太一．收珠南海千餘日．』即記其事．

又新唐書盧奐傳稱『奐爲南海太守．中人之市舶者．亦不敢干其法．』按奐爲玄宗時人．則中官領市舶．自玄宗末年已然矣．

其後蓋兼領於節度使焉．

柳宗元爲馬總作嶺南節度使饗軍賞記云．『……其外大海多蠻夷．由流求訶陵．西抵大夏康居．環水而國以百數．則統於押蕃舶使焉．內之幅員萬里．以執秩拱壁時聽教命．外之羈縻數萬里．以譯言贄寶．歲帥貢職．合二使之重．以治於廣州．故賓軍之事．宜無與校大．』據此知市舶使亦名押蕃舶使．由節度使兼領．故曰合二使之重．莫與校大也．此文作於憲宗元和八年．或者自呂太一叛亂後．朝廷鑒其禍．乃收其權於節度使也．

唐書黃巢傳．『……巢又丐安南都護廣州節度使．書聞．右僕射於琮議．「南海市舶利不貲．賊得益富．而國用屈．」……』可見唐末亦以節度使領市舶．故巢欲得之．而朝議靳不與也．

蓋當唐全盛時．海外交通之發達．爲從來所未有．正如韓愈所云．『唐受天命爲天子．凡四方萬國．不問海內外．無大小．時節貢水土百物．大者特來．小者附集．』（送殷員外序）而綰轂其口者．實惟廣州．故廣州市之殷闐．爲天下最．李肇記其事云．

『南海舶．歲至安南廣州．師子國舶最大．梯而上下數丈．皆積寶貨．至則本道奏報．郡邑爲之喧闐．有蕃長爲主領．市舶使籍其名物．納舶腳．……』（國史補卷下）

又天寶九載，僧鑑眞往游日本，道出廣州，記其所睹情形云。

『江中有婆羅門、波斯、崑崙等船，不知其數，並載香藥、珍寶，積載如山，其舶深六七丈。師子國、大石國、骨唐國、白蠻、赤蠻等往來居住，種類極多。州城三重，都督執六纛，〻纛一軍，威嚴不異天子』

鑑眞書中國失傳，日本有之，名曰唐大和上東征傳，見羣書類從卷六十九。

韓愈嘗爲文送嶺南節度使鄭權赴任，亦云。

『其海外雜國若躭浮羅、流求、毛人、夷亶之州、林邑、扶南、眞臘、干陀利之屬，東南際天地以萬數，或時候風潮朝貢，蠻胡賈人，舶交海中。』送鄭尙書序

觀此則廣州繁榮之狀——外國人來往之多，民物之殷阜，略可想見。故當時印度乃至西域各國人皆呼廣州曰「中國」，長安則曰「大中國」

義淨求法高僧傳卷上『有一故寺，但有塼基，厥號支那寺。』自注云『支那卽廣州也。摩訶支那卽京師也。』案摩訶譯言大。

據鑑眞『往來居住，種類雜多』之文，知外國人雜居城中者不少。此外同樣之記載尙多。

舊唐書王鍔傳。『廣人與夷人雜處，地征薄而叢求於川市。鍔能計居人之業而榷其利，所得與兩稅相埒。』

王虔休進嶺南王館使院圖表(全唐文卷五一五)云。『今年波斯、古逷本國二舶順風而至……寶舶薦臻，倍於恒數……除供進備物之外，並任蕃商列肆而市……』

故廣州具殊方詭俗，詩人往往詫歎，形諸吟咏。

圖書集成卷一三一四引廣東通志(舊志)云。『自唐設結好使於廣州，自是商人立戶，迄宋不絕。詭服殊音，多留寓海濱灣泊之地，築室聯城，以長子孫。使客至者，往往詫異，形諸吟咏。陸龜蒙詩。「居人愛近環珠浦，候吏多來拾翠洲，賨稅盡應輸紫具，蠻童多學帶金鉤」……』

案。張九齡送廣州周判官詩。『海郡雄蠻落。』王建送鄭權尚書之南海詩。『勅設薰鑪出。蠻辭咒節開。』張籍送鄭尚書赴廣州詩。海外蠻夷來舞蹈。』又。『蠻聲喧夜市。』皆足爲當時諸蠻雜居之證。

有時長官處置失宜。則惹起騷動。

資治通鑑卷二〇三。『廣州都督路元叡。爲崑崙所殺。元叡闇懦。僚屬侵漁不已。商胡訴於元叡。元叡索枷欲繫治之。羣胡怒。有崑崙袖劍直登廳事。殺元叡及左右十餘人而去。』案。舊唐書南蠻傳云。『林邑已南。皆拳髮黑身。通號爲崑崙。』崑崙蓋唐時對印度及馬來人之通稱。

甚者相率爲寇亂。

舊唐書西戎傳波斯條。『乾元元年。波斯與大食同寇廣州。劫倉庫。焚廬舍。浮海而去。』案。此殆如英法聯軍之燒圓明園矣。杜甫諸將詩。『迴首扶桑銅柱標。冥冥氛祲未全銷。越裳翡翠無消息。南海明珠久寂寥。』即詠其事。

據當時阿剌伯商人之旅行記。則當乾符五年黃巢陷廣州時。回教徒景教徒祆教徒被害者已十二萬人。則外國人流寓之多可想。

唐五代時阿剌伯人之中國旅行記。近代陸續發現譯成歐文者不少。內中有一部爲阿蒲卓 Ahou zeyd 所著。記回回歷二六四年（西紀八七八）有大盜 Banshoa 攻陷 Khanfou。摩哈默教徒。基督教徒。穆護教徒。被殺者十二萬。（據日本坪井九馬三史學研究法引）回歷二六四年即乾符五年。新唐書僖宗紀言黃巢以乾符六年陷廣州。而舊唐書盧攜傳。新五代史南漢世家。皆云事在五年。然則阿蒲卓書所去 Khanfou 者即廣府。其所云大盜 Eanshou 者必黃巢之訛無疑。唐書黃巢傳稱『巢焚室廬。殺人如爇。』其屠戮固不限於外國人。然此役亦可謂千年前之義和團矣。

黃巢亂後。廣州元氣固大傷。然在唐末猶不失爲一樂土。五代時南漢劉氏割據其地。尚極侈靡焉。

昭宗大順元年。劉崇龜任嶺南節度使時。黃巢亂後十二年也。廣州府志卷七十六紀其事云。崇龜至廣州。修理城隍。撫卹瘡痍。嶺海靖安。民夷賴之。』是廣州並未十分殘破之證。

五代史南漢世家云。『唐末南海最後亂。僖宗之後。大臣出鎭者。天下皆亂。無所之。惟除南海而已。亦廣州較爲寧謐之證。』

其三泉州——泉州爲唐時通商口岸可據之史料較乏然福建爲當時外商湊集之一區域則甚明

唐會要卷百『天祐元年三佛齊使者蒲栗訶至福建』文苑英華卷四五七載乾寧三年授王潮威武軍（福州）節度使制云『閩越之間島夷斯雜』五代史記卷六八記王審知政績稱其招來海中蠻夷商賈』此皆唐時福建通商之證前所述文宗太和八年詔明言嶺南福建揚州蕃商則蕃商悉集此三區甚明

福建中則泉州爲首觀據當時回教傳播區域可推

前文引何喬遠閩書稱『摩哈默德四門徒其二人各傳教廣州揚州其二人傳教泉州』今揚州故蹟雖無可考然廣州現存有懷聖寺番塔（今粵人所稱花塔街）宋方信孺南海百詠謂創建於唐時泉州現存淸淨寺有阿剌伯文之碑謂創建於宋大中祥符二年（據桑原隲藏著蒲壽庚事蹟）則唐代回教隨大食商人勢力以入中國而其最初根據地爲廣泉二州蓋事實也

泉州至南宋以後駸駸奪廣州之席爲全國第一口岸其事實當在下文別論之

其四揚州——揚州爲唐時第一大都市時有『揚一益二』之稱

資治通鑑卷二五九唐昭宗景福元年條下云『先是揚州富庶甲天下時人稱揚一益二』

爲鹽鐵轉運使所在地東南財政樞軸寄焉

唐代最著名之財政家劉晏整頓鹽鐵及漕運卽以揚州爲根據地宋洪邁容齋初筆卷九云『唐世鹽鐵轉運使在揚州盡斡利權判官多至數十人商賈如織故諺稱「揚一益二」謂天下之盛揚爲一而蜀次之也』

王象之輿地紀勝云卷三十七『自淮南之西大江之東南至五嶺蜀漢十一路百州遷徙貿易之人往還皆出揚州之下舟車日夜灌輸京師者居天下十之七』此雖宋人記述之言其所述者實唐以來情狀也

唐書李襲譽傳『揚州江吳大都會俗喜商賈』又蘇瓌傳『揚州地當衝要多富商大賈』皆唐代揚州商業極盛之證又唐會要卷八十六載代宗大曆十四年詔書云「令王公百官及天下長吏無得與民爭利先於揚州置邸肆貿易者罷之」則當時揚州爲利權淵藪可

知。

大抵因海岸江岸變遷之結果。揚州地勢。今昔頗殊。在盛唐時。揚州城蓋距江岸甚近。其江岸又距海岸甚近。海船出入已便焉。

唐李頎送劉昱詩。『鸕鷀山頭片雨晴。揚州郭裏見潮生。』又李紳入揚州郭詩序。『潮水舊通揚州郭內。大曆以後。潮信不通。』此可爲中唐以後揚州岸移海遠之證。

坐是蕃客麕集。敎徒沓來。

文宗太和八年詔言。『揚州蕃客』閩書記『一賢傳敎揚州。』具見前引。

波斯胡店。往往而有。

明謝肇淛五雜組卷十二『唐時揚州常有波斯胡店。太平廣記往往稱之。想不妄也。』案太平廣記未及細查。當更有資料可采。

偶值兵亂。則外商罹其難者且不少。

舊唐書田神功傳。『神功兵至揚州。大掠居人。……大食波斯賈胡死者數千人。』此肅宗上元元年事也。可見當時揚州外僑不少。

狹邪曲巷。且多賈胡足跡。供詩人譏笑之資。

全唐詩諧謔二載崔涯嘲妓詩云。『雖得蘇方木。猶貪玳瑁皮。懷胎十箇月。生下崑崙兒。』崔涯與白居易同時。集中多揚州游冶詩。

觀此可知揚州爲唐代第一都市。卽以對外貿易論。其殷盛亦亞於廣州矣。後經五代之亂。揚州糜爛最劇。自此不復爲互市重鎭。

舊唐書秦彥傳。『江淮之間。廣陵大鎭。富甲天下。』自畢師鐸秦彥之後。孫儒楊行密繼踵相攻。四五年間。連兵不息。廬舍焚蕩。民戶喪亡。廣陵之雄富掃地矣。』觀此可知揚州衰落之原因。南宋洪邁容齋隨筆卷九「唐揚州之盛」條下云。『本朝承平百七十年。尙不能及唐之什一。今日眞可酸鼻也。』可見經北宋百餘年間。揚州迄不能恢復。重以金軍蹂躪。南宋後益不可問矣。

宋代頗奬勵對外貿易。先後置市舶司之地七。元因之。而其地頗有異同。明初因元舊。中葉以後。因倭寇而始設海禁。末年還弛焉。清初以鄭氏據臺灣。禁海益嚴。康熙二十二年。臺灣平。始弛禁。設江海浙海閩海粵海四権關。大抵由宋初迄清之道光。沿海諸市雖迭有盛衰。而廣州泉州寧波上海恆保持優越地位。後此南京條約之所謂「五口通商」者。即沿歷史上基礎而成立也。今列舉宋元明三朝之重要海港如左。

宋代市舶司所在地及其建置沿革。據宋史食貨職官兩志可考見者如下。

(一)廣州 開寶四年置

(二)杭州 初置年不詳熙甯九年議罷未行南宋乾道二年罷

(三)明州(今寧波) 同上

(四)泉州 元祐二年置南宋建炎初罷未幾復

(五)密州板橋鎮(今膠州青島) 元祐三年置

(六)秀州(今松江) 宣和間置監官

(七)江陰 紹興二十九年置市舶務

(八)溫州 初置年不詳

元置市舶司七。後漸裁併。僅存其三。元典章。(柯劭忞新元史卷六十二引)及元史食貨志記其名如下。

(一)廣州 初置年不詳大抵因宋之舊至元二十五年改稱海南博易市舶提舉司

(二)泉州 至元十四年置

(三)杭州初置年不詳至元三十年罷

(四)慶元(今寧波)至元十四年置

(五)上海

(六)澉浦(今海鹽)右二地皆至元十四年置大德二年罷併入慶元

(七)溫州初置年不詳至元三十一年併入慶元

明代市舶司置罷不常.其曾置者則有以下諸市.

(一)太倉黃渡此爲一市抑二市待考吳元年置洪武三年罷

(二)明州洪武初置洪武七年罷永樂元年復嘉靖元年再罷三十九年再復四十四年再罷萬歷中再復

(三)泉州同上

(四)廣州洪武初置洪武七年罷永樂元年復嘉靖後全國舶司總於此市

(五)交趾雲南永樂初置爲兩官分領兩地抑一官兼領兩地司署設在何處皆待考

據右所述.合以清初之四海關.則自唐迄明各通市之廢興如下表.

今地＼朝代	唐	宋	元	明	清(南京條約以前)
膠州(青島)		密州 橋鎮			
揚州	揚州				

松江(華亭及上海)		秀州	上海		江海
太倉				太倉黃渡	
杭州		杭州	杭州		
海鹽			澉浦		
寧波		明州	慶元	明州	浙海
泉州(廈門)	泉州	泉州	泉州	泉州	閩海
廣州	廣州	廣州	廣州	廣州	粵海
安南	交趾龍編			交趾	
雲南				雲南	

右諸市中揚州安南唐以後皆漸衰落安南今且淪爲異域雲南據樊綽蠻書所記似唐時已頗占重要位置（蠻書云大銀孔南有婆羅門波斯闍婆勃泥崑崙數種外通交易之處多諸珍寶）宋則至斧畫江等諸化外元亦不聞經略惟明始一措意焉後亦無聞太倉暫興旋替溫州僅爲寧波附庸皆不復細敍惟敍自餘各市狀況

其一廣州——宋初廣杭明三舶司並立而廣州實占全國對外貿易額百分之九十八以上

清梁廷枏粵海關志引北宋畢仲衍之中書備對記神宗熙寧十年之貿易統計表而加案語云『謹按備對所言三州市舶司所收乳香三十五萬四千四百八十九斤其內明州所收惟四千七百三十九斤杭州所收惟六百三十七斤而廣州所收者則有三十四萬八千六百七十三斤是雖三處置司實只廣州最盛也』

朱彧（北宋末人）萍洲可談卷二云『崇寧初三路各置提舉市舶司三方惟廣最盛』案所謂三路者廣南東路福建路兩浙路也是時

泉已開市矣。

南宋及元，雖一時爲泉州所壓倒，然廣州終常保持優勢，他地市舶司屢有裁併，惟廣則除海禁時代外，常爲互市門戶，歷千年無替。

絕對的海禁時代，一爲明嘉靖元年迄三十九年，二爲淸順治元年迄康熙二十二年，廣州閉關惟此兩時期耳。

淸康熙海禁開後，首設粤海關總西南洋互市之樞，至鴉片戰役後，則以條約定爲五口通商之第一口焉。

廣東通志卷一八『康熙二十四年開南洋之禁，番舶來粤者歲以二十餘柁爲率，至則勞以牛酒，牙行主之，所謂「十三行」是也』

其二泉州——泉州自唐太和時已爲蕃客走集之地，入宋而寖盛，當眞宗時，其地僑民蓋已甚多，創建頗壯麗之回教寺院，故神宗時已感有置市舶司之必要，哲宗時遂實行。

泉州淸淨寺創建於大中祥符二三年之間，有現存阿剌伯文碑記爲證，前文已引及，則當時泉州外僑之多可想。宋史食貨志『熙寧五年，詔發運使薛向曰「東南之利舶商居其一，比言者請置司泉州，其創法講求之」……』又云『元祐二年增置市舶司於泉州』吳自牧夢粱錄卷十二云『若欲船泛外國買賣，則自泉州便可出洋』可見當時以泉州爲海外航線之出發點。

南宋以杭州爲行在所，泉州以晉江轉輸內地便利，故駸駸奪廣府之席，爲全國對外通商之總門戶。及其末年，泉州市舶提舉官有西域人蒲壽庚者，且能舉足輕重以制宋元興亡之鍵，泉之爲重於天下，可概見矣。

蒲壽庚宋史元史皆無傳，其人蓋阿剌伯人，先世僑居廣州，久以豪富聞，壽庚遷於泉，提舉泉市舶三十餘年，宋末任爲福建招撫使，杭州陷，宋少帝逃至泉，欲依之，壽庚不納，旋以泉降元，殺戮宋宗室，宋不能偏安於閩粤，實壽庚之由。近日本桑原隲藏著蒲壽庚事蹟一書，考證其全部史實，爲歷史界一傑作。

入元。泉州仍繼續其在商市中所占之最優地位。元史記西南諸蠻夷所在。大率以泉爲計里之起點焉。

元史外夷傳爪哇條下云『自泉南登舟海行者。先至占城而後至其國。』又馬八兒條下云『自泉州至其國約十萬里。』此類尙多。

當時歐洲人來游者。如馬可波羅之流。咸稱之爲全世界第一商埠。入明淸不替。道光後以廈門爲五口通商之一焉。

馬可波羅游記稱泉州爲褰登 Zayton。其書云『褰登爲外國商人入蠻子國』（元人稱南宋爲蠻子國）之大埠。凡外國貨物必先至此。然後轉輸至他處。卽胡椒一項。經褰登輸入中國者。與經亞歷山大輸入歐洲各國者。蓋爲百與一之比例。此埠實世界獨一無二之大商埠也。』案泉州稱爲褰登者。桑原氏考證爲「刺桐」之譯音。蓋宋時泉州亦稱刺桐城云。此外當時阿剌伯人稱刺桐城爲世界第一大市者尙多。具見桑原所引。

其三杭州——杭在北宋爲海船輻輳之區。故初置三舶司而杭與居一焉。

歐陽修杭州有美堂記『閩商海賈。風帆浪舶。出入於江濤浩渺煙雲杳靄之間。』可見其時杭州海舶之盛。

其後舶司或與明州合併。或獨立。

宋史食貨志『開寶四年。始置市舶司於廣州。後又於杭明置司。』據此似是杭明同時並置。然玉海卷一八六則云『後又置於杭。淳化中徙於明之定州。』然則先置於杭。後乃由杭徙明耳。徙明之年。玉海僅云『淳化中』。不得其確年。乾道臨安志卷二云『提舉市舶衙舊在城中淳化三年四月庚午移杭州市舶司於明州定海縣』則知在淳化三年。且月日皆可考矣。玉海又云『咸平中杭明各置司』。文獻通考卷六十二云『「咸平二年九月庚子令杭州明州各置市舶。聽蕃官從便」』據此當是太祖開寶間置司杭州。太宗淳化三年廢杭司而移於明。眞宗咸平二年乃杭明並置。』宋史混言之誤也。

南宋則杭爲行在所。乾道間曾罷舶司。未幾旋復。

宋史職官志云『乾道初臣僚言兩浙市舶冗蠹可罷從之』。然淳祐臨安志卷七云『市舶務舊在保安門外淳祐八年撥歸戶部於浙江淸水閘河岸新建牌曰行在市舶務。』則淳祐間杭州明有市舶務。不知何年復置也。咸淳臨安志卷九亦有市舶務之記事。

據元代西域人所記載。則宋元之間杭城蓋劃出二三市區專爲外國人居留之地。

有阿剌伯人伊般白都達 Ibn Batuta 於元順帝至正六年（一三四六）著有記南宋杭都事之書言『城內分六區第二區爲猶太人。基督敎徒及拜日敎之突厥人所居第三區則回敎徒所居其市場與回敎國無異。』（日本史學雜誌第二十七編第十號藤田豐八著「宋元時代杭州海港」篇所引）

中國故書所記。亦多有景敎回教摩尼敎徒雜居之痕跡。

明田汝成西湖游覽志卷十六『舊十方寺在薦橋西元僧也里可溫建。』案也里可溫爲元代基督敎徒之稱。

又卷十八云『眞敎寺在文錦坊南回回大師阿老丁所建。先是宋室徙蹕西域夷人安插者多從駕而南元時內附者又往往編管江浙閩廣之間而杭州尤夥。』

又云『靈壽寺。江浙行省左丞相達識帖睦邇建。本畏吾氏世族。故稱爲畏吾寺。俗訛爲義烏寺。』案此卽白都達所謂拜日敎之突厥人。其寺實摩尼敎寺也。

然自元以後。杭州漸爲明州所掩。不復能占兩浙商業市第一流位置。

其四明州慶元——今之寧波。在宋爲明州。在元爲慶元。當北宋初年。曾移杭州舶司於此。其後與杭並立。（見前注）

入元則杭爲明絀矣。

元史食貨志『至元十四年。立市舶司三於慶元上海澉浦。』而杭州不與焉。

杭屈於明之故。蓋因海岸變遷。杭漸不適於碇泊。明則恃內河轉運之便。灌輸內地。

宋姚寬西溪叢話卷上引無名氏之海潮說云『今觀浙江之口。起自纂風亭。北望嘉興大山。水闊二百餘里。故海商船舶。畏避沙潬。不由大江。惟浮餘姚小江。易舟而浮運河。達於杭越矣。』案據此知杭州商舶日少之故。由於錢塘江所淤沙灘太大。不適碇泊。而寧波有餘姚小江。

接連運河可通杭州紹興各地也。

寧波以交通優便故元初浙江間雖三市並立非久皆併於慶元。

元史食貨志『大德二年併上海澉浦入慶元市舶提舉司直隸中書省。』

明則專爲日本通市之地。

明史食貨志『市舶司……洪武初……設於寧波泉州廣州寧波通日本……日本叛服不常故獨限其期爲十年人數爲二百舟爲二艘。……』

嘉靖間日人以爭互市眞僞鬨於長官遂引起倭寇之難於是寧波封鎖而全國海禁且緣之而起中國自唐宋以來皆獎勵互市輓近政策之變自茲始也。

明史食貨志『嘉靖二年日本使宗設朱素卿分道入貢互爭眞僞市舶中官賴恩納素卿賄右素卿宗設遂大掠寧波給事中夏言言倭患起於市舶遂罷之市舶既罷日本海賈往來自如海上姦豪與之交通法禁無所施轉爲寇賊二十六年倭寇百艘久泊寧台數千人登岸焚劫……乃嚴海禁毀餘皇……』

明清之交浙東爲明守者有年清康熙二十二年開海禁仍置浙海關於寧波道光二十二年遂爲五口通商之一。

其五溫州——南宋及元曾開市非久遂罷無得而詳述焉。

元史食貨志稱『至元三十年以溫州市舶司併入慶元』溫市何時創置無考想爲期甚暫。

其六澉浦——今海鹽也宋末開市（?）元因之非久亦併歸慶元。

明王樵檇李記『澉浦在海鹽之西宋元時通番舶之處』宋常棠澉水志『市舶場在鎭東海岸淳祐六年創市舶官十年置場』元史食貨志『至元三十年泉州上海澉浦溫州廣州慶元市舶司凡七所』元姚桐壽樂郊私語云『澉浦市舶司前代不設惟宋嘉定間置有騎

部尉監本鎭鹽課耳。國朝至元三十年。以留夢炎議置市舶司』。案以上各書所言互相違異。據澉水志則宋已置司。且能確指其年與地。據樂部私語則云『前代不設』。且明述其創之年與建議之人。而宋史亦絕不言有澉浦置司事。兩說孰當。更待考證。又元史及續文獻通考皆言澉浦司置於至元十四年。姚相壽云在三十年。疑姚較可信。

其七秀州上海——秀州在宋時領嘉興華亭海鹽崇德四縣。屬兩浙路。宣和中始置市舶務於華亭之青龍江。浦實今日上海市場之嚆矢。

宋史食貨志『宣和元年秀州開青龍江浦。舶船輻輳。請復置監官。先是政和中置務設官於華亭縣。後江浦湮塞。蕃舶鮮至。止令縣官兼掌。至是復設官專領焉』。

華亭爲舊松江府附郭。南宋時既爲通商名縣。

宋孫覿鴻慶居士集卷三十四朱公墓誌銘云『華泉據江瞰海。富室大家。蠻商舶賈。交錯於水陸之道。爲東南一大鎭……』

青龍江在城北七十里。明隆慶間始卽其地分置青浦縣。蓋宋時海舶出入之所。

明一統志松江府條下『青龍江在府城北七十里。上接松江。下通滬瀆。吳孫權造青龍戰艦於此。故名』。明隆慶六年分青龍鎭置青浦縣。亦見明一統志。

然吳淞江爲大江入海尾閭之洩。淤積最易。故宣和元年青龍雖一度開濬。及南宋淳熙開又復堙塞。

宋袁燮絜齋集卷十二羅公行狀云『華亭河流斷絕。邑宰劉壁相視青龍江可通潮而湮廢已久。集丁夫給官價。不超五日。濬七十餘里。潮達縣市』。案此文所記爲淳熙十四年事。上距宣和元年僅六十八年。

今之上海。本華亭屬舊名華亭海。青龍湮。後江岸南徙。宋末已發展爲市。及元而析置縣治。歷明迄清。至今遂爲國中第一市場。

明一統志。『上海本華亭縣地。居海之上洋。舊曰華亭海。宋時商販積聚。名曰上海市。元至元中置上海縣』。明曹學佺松江志勝云。按『按永樂大典載郟亶水利考謂。「松江南有大浦十八。中有上海下海二浦。」今縣治之左有大川。曰黃浦。亦曰上海浦。縣之得名以此。』案。以上兩條。記上海沿革及其名稱之由來。甚明。文獻通考卷六十二載宋乾道間臣僚言『市舶置司。乃在華亭。』疑卽指『華亭海。』卽今上海地。

其八江陰——在北宋時亦爲賈船走集之所。

王荆公詩集卷三十四有一題云。『予求守江陰未得。酬昌叔憶江陰見及之作。』詩云。『黃田港北水如天。萬里風檣看賈船。海外珠犀常入市。人間魚蟹不論錢。』

南宋初曾置市舶務。蓋來者多高麗賈客云。

江陰市舶務宋史食貨志職官志皆未載。不知設於何年。惟文獻通考一言之。（詳下條）袁燮絜齋集卷十七趙公墓誌銘云。『擢隆興元年進士第。……歷江陰縣。……有市舶務。公餘之高麗之至者。初止一艘。明年六七焉。語人曰。吾聞長官清正。所以來此。』是袁燮時其官猶存也。

蓋南宋以都浙故。浙中設官特多。市舶之在兩浙路者凡五處。江陰軍其一也。

宋史食貨志紀宋時市舶。其在兩浙者僅及杭明秀三州。職官志則言『福建廣南各置務於一州。兩浙市舶乃分建於五所。』所謂「五所」者未嘗舉其名。文獻通考卷六十二引乾道初臣僚言『兩浙惟臨安明州秀州溫州江陰軍凡五處有市舶。』此足補宋史之闕矣。

其九太倉——蓋明太祖初起時互市之所。未幾而廢。

明史食貨志。『市舶司提舉官……洪武初設於太倉黃渡。尋罷。』

其十密州板橋鎮——今青島也。自晉以來。卽爲中國與印度交通孔道。

法顯歸國時。舟泊於長廣郡之勞山。卽青島也。西域僧遵此路來朝者尚有數人。見高僧傳。今未及細檢。容更補注。

北宋之初。其地海上貿易已頗盛。

有蔡齊者，官密州，范仲淹為作墓志銘，稱其『力請放海利以救東人』（見范文正集卷十二）歐陽修為作行狀，稱其『使民得買海易食以救飢，東人至今賴之』（見歐陽文忠公集卷　）據此知前此密州有海禁，至仁宗時始由蔡齊解放。

至神宗元豐間，遂議置板橋市舶司，哲宗元祐間實行，徽宗政和間益趨繁盛。

宋史食貨志：元豐五年知密州范鍔言『板橋瀕海，東則二廣福建淮浙，西則京東河北河東三路，商賈所聚，海舶之利，顓於富家大姓，宜即本州置市舶司，板橋鎮置抽解務……』元祐三年，鍔等復言『……若板橋市舶法行，則海外諸貨物積於府庫者，必倍於杭明二州……乃置板橋市舶司』

楊時龜山集卷三十四陸愷墓志銘云『乞監密州板橋鎮，鎮瀕海，海舶麕至，多異國珍寶……』案此蓋徽宗大觀政和間事。

密州所以勃興之故，蓋緣淮南一帶既因唐末五代之亂而衰落，而北宋建都汴梁，北方宜有海港以為灌注，恰值當時對高麗貿易正盛，故密為其最適之地點焉。

萍洲可談卷二『元豐待高麗人最厚，沿路亭傳皆名高麗亭，高麗人泛海而至明州，則由二浙溯汴至都下，謂之南路，或至密州，則由京東陸行至京師，謂之東路……』案此文敍汴梁與海岸交通狀況最明瞭。

南北海路交通在此時似亦已盛開，而北之密，南之明，卽為兩主要港。

姚寬西溪叢話『今自二浙至登州與密州，皆由北洋，水極險惡，然有自膠水鎮三日而抵明州定海者。』

宋南渡後，密州實為宋金互市之要地。

宋史李全傳『膠西當寧海之衝，百貨輻輳，全使其兄福守之，為窟宅計，時互市始通，北人尤重南貨，價增十倍，全誘商人至山陽，以舟浮其貨而中分之，自淮轉海，達於膠西』

元行海運，此為運河入海處，置海倉焉。

萊州府志『元至元時海運故道入海處，尚有海倉遺蹟。』

明初爲倭寇滋擾，逐漸衰落，海禁後益無可紀。直至近代，德日先後占領，迄今葛藤未絕焉。

山東通志云：『黃島在膠州東南六十里海中，舊有居民，因倭寇遷避，遺址多存。』

以上十地，並前文所述之揚州龍編，可稱爲自唐以來中國沿海十二大都市，尤大者爲廣泉揚杭明秀六州。其他六地次之。最盛時期爲唐宋元，尙繼續保持，自明以迄清中葉則爲中落時期。其原因蓋緣波斯大食人在唐宋時正爲全世界商業活動最主要之民族，其人無政治野心，壹惟以通商爲務，我國人亦以懷柔遠人之態度歡迎之保護之，耦俱無猜焉。都市之繁榮，彼我皆利賴之。明清以還，波斯久衰，大食亦日以不競，葡萄牙荷蘭先後代興，其勢力未能大伸於遠東，故東西互市頓呈中落之象。中間倭寇滋擾，幾與明祚相終始，國人厭惡外夷之心日益甚，馴至有海禁之設。清中葉後，英人橫行海上，馴至有「毒藥戰役」，我師熸焉，作城下盟，今之所謂通商口岸，非復昔所云矣。各市商業狀況，當於通商篇別述，今但刺取僑民掌故與市政有連者，論次一二云。

外人除通商市外，是否可以雜居內地？唐以前法制無可考。

唐文宗太和八年詔書言：『嶺南福建及揚州蕃客，任其來往通流，自爲交易。』似當時無雜居內地之禁。

宋初蓋僅聽在廣州居止，不得適他地。崇寧間始由市舶司發給護照來往焉。

宋史食貨志：『崇寧三年，令蕃商欲往他郡者，從舶司給券，毋雜禁物姦人。初，廣南舶司言海外蕃商至廣州，聽其往還居止，而大食諸國商亦丐通入他州及京東販易，故有是詔。』

即在通商市中，原則上亦只許居城外。

朱熹文公集卷九十八傳自得行狀云：『化外人法不當城居。』可見南宋時法律上明有此規定，大抵自唐時已然矣。

外人所居地謂之「蕃坊」。名義上頗類今租界矣。蓋起自唐時。宋後沿之

朱彧萍洲可談云。『廣州蕃坊海外諸國人聚居。置蕃長一人。管勾蕃坊公事。』彧書成於宋徽宗宣和元年。（據直齋書錄解題）則北宋時確有蕃坊可知。然蕃坊恐不止起於宋。顧炎武天下郡國利病書卷一百四引投荒錄云。『頃年在廣州蕃坊獻食多用糖蜜腦麝。有魚俎。雖甘香而腥臭自若也。』投荒錄爲唐文宗太和中房千里所著。見新唐書藝文志。則唐之中葉。廣州既有蕃坊矣。

明則政府特建館舍以居之。

明史食貨志。『永樂三年以諸蕃貢使益多。乃置驛於福建浙江廣東三市舶司以館之。福建曰來遠。浙江曰安遠。廣東曰懷遠。』廣東通志卷一八〇引郝志云。『置懷遠驛於廣州城蜆子步。建屋一百二十間以居番人。』據此知福建浙江兩驛亦必有建屋矣。

清則牙商築室招待焉。

廣東通志卷一八〇『番舶來粵則勞以牛酒。牙行主之。所謂「十三行」也。皆起重樓臺榭爲番人居停之所。』案十三行今爲西關街名。在城中極繁盛處。蓋昔日番商租界遺址也。十三行招待番商。蓋鴉片戰役前尤然。

宋時蕃坊所在。廣泉杭三州尚約略可考。廣州蓋在城西南。

廣州蕃坊所在確地今難考。惟據廣東通志卷二一八引金志云。『舊府學在西城蕃市通衢。』則蕃市在城西可知。又引黃志云。『明市舶提舉司署在府城外西南一里。即宋市舶亭海山樓故址。』又云『海山樓建於嘉祐中……在鎮南門外。山川拱揖。百越偉觀。此爲第一樓下。即市舶亭。』市舶亭計當與蕃坊相近也。又引郝志云。『明懷遠廢驛在府城西。』先寅或言今濠畔街爲懷遠驛故址。要之宋以來外僑皆居城西南。殆無可疑。昔時珠江江面必較今爲闊。故在城西南一里之海山樓。即臨大江。萍洲可談記其形勝云。『廣州市舶亭枕水。有海山樓。正對五洲。其下謂之小海。』

泉州蓋在城南。

南宋趙汝适諸蕃錄卷上記。『大食巨商施那幃僑寓泉南。且在泉州城外東南作叢塚。爲賈胡之公葬地。』又言。『南毘國蕃商時羅巴智力干父子住居泉南。』又言『天竺僧囉護哪在泉州城南建寶林院。』據此則當時泉州蕃坊在城南可知。

杭州蓋在城東淸泰門內

西湖游覽志云『三太傅祠在薦橋東舊十方寺基也元僧也里可溫建』又云『文錦坊在薦橋西』又云『眞敎寺在文錦坊南元延祐間回回大師阿老丁所建先是宋室徙蹕西域夷人安插者多從駕而南元時內附者又往往編管江浙閩廣之間而杭州尤夥……』陶宗儀輟耕錄卷二十八云『杭州薦橋側首有高樓八間俗謂之八間樓皆富實回回所居……』則薦橋一帶爲外僑所聚居甚明薦橋在何地耶游覽志云『淸泰門在城東宋名崇新門俗稱薦橋門』據此諸條杭州蕃坊地可以略定矣前文引伊般具都達所言杭城第二第三市區卽其地也

輟耕錄又云『聚景園回回叢塚在焉』聚景園又在何處耶徐逢吉淸波小志卷上云『聚景園在淸波門外孝宗致養之地……此武林舊事所載今則爲番回埋骨之地……』嘉靖仁和縣志云『舊城基南路有回回墳』則宋聚景園故址入元爲回回墳者明時在舊城基南可知舊城基又在何處耶游覽志又云『張士誠據兩浙改築杭城自艮山門淸泰門展出三里而絡市河於內此其舊基也』據此則淸泰門內一帶地卽所謂薦橋附近者在張士誠以前實爲城外宋元蕃坊卽在此

然所謂『化外人法不當城居』者不過法律上有此規定云爾事實上因禁網疏闊之故城居者蓋亦少

宋樓鑰攻媿集卷八十八汪大猷行狀云『蕃商雜處民間』

顧炎武天下郡國利病書卷一〇四云『自唐設結好使於廣州自是商人立戶迄宋不絕詭服殊音多流寓海濱灣泊之地築石聯城以長子孫……禁網疏闊夷人隨商翺翔城市』

唐代蕃人雜居廣州事前文已述（看第卆葉）至宋時則有蒲姓之富豪世居廣州城中實爲宋末賣國奴蒲壽庚之祖

宋岳珂桯史卷十一『番禺有海獠雜居其最豪者蒲姓號曰番人本占城之貴人也既浮海而遇風濤憚於復反乃請於其主願留中國以通往來之貨主許焉其家歲益久定居城中屋室侈靡踰制使者以其非吾國人不之問』

蕃商在唐時則波斯最富

波斯胡賈之豪奢見於唐人筆記小說中者甚多不可悉舉李商隱雜纂卷上有「不相稱」一條所列舉者一窮波斯二病醫人三瘦人相

撲。四肥大新婦。波斯不宜有窮人。此段小滑稽語句。可代表晚唐時人感想。

在宋時則阿剌伯最富。

宋周去非嶺外代答卷三云『諸蕃國之富盛多寶貨者。莫如大食國。』桯史卷十一所記豪商蒲姓者。即大食人也。岳珂記其人赴知州宴時豪侈之狀云『其擲金如糞土。(賞犒)輿皁無遺。珠璣香貝狼籍座上。』

其商人至能報効私財以修城池。

宋史外國傳大食國條下云『熙寧中其使辛押陀羅進錢銀助修廣州城。不許。』案使所云使者。蓋前此商人皆以貢使爲名。其實則僑商耳。蘇轍龍川略志(天下郡國利病書引)別有關於辛氏之紀事云『番商辛押陀羅者。居廣州數十年矣。家貲數百錢緡。』明楊思謙泉州府志卷四云『嘉定四年守鄒應龍以賈胡簿錄之貲。請於朝而大修之。城始固。』是熙寧中雖不許蕃商助修廣州城。嘉定間卻許其助修泉州城矣。

其僑民首領名曰蕃長。又有都蕃長。實爲後此領事總領事之濫觴。

萍洲可談卷二『廣州蕃坊。海外諸國人聚居。置蕃長一人。管勾蕃坊公事。專切招邀蕃商。』

唐會要卷一百『天祐元年六月。授福建道三佛齊國入朝進奉使都蕃長蒲訶栗爲寧遠將軍。』

亦名曰蕃首。或呼之爲番酋。

宋史大食傳記都蕃首蒲陀羅離慈事。唐劉恂嶺表錄異記在番酋家食槃事。

蕃長雖以蕃人爲之。但須經朝命。非如今領事官由彼國簡派也。

宋史大食傳云『熙寧中其使辛押陀羅乞統察蕃長司公事。詔廣州裁度。』又云『都蕃首保順郎將蒲陁婆離慈表令男麻勿奉貢物。乞以自代。詔但授麻勿郎將。』可見蕃長必經政府任命。不輕授。且常須經廣州長吏察核保舉。

故其人實爲中國官吏。服中國之服。

萍洲可談卷二『蕃長用蕃官爲之巾袍履笏如華人』

其關於外人犯罪之裁判據唐律疏議所規定

『諸化外人同類自相犯者各依本俗法異類相犯者以法律論』卷六名例

此實爲領事裁判權之嚆矢蓋守「因其風不易其俗」之訓以寓「懷柔遠人」之意純出於恩惠的特許非有所脅而然也

疏議云『化外人謂蕃夷之國別立君長者各有風俗制法不同其有同類自相犯者須問其本國之制依其俗法斷之異類相犯者若高麗之與百濟之類皆以國家法律論定刑名』案此疏解釋律文甚明例如英人與英人爭訟則適用英國法律英人與法人爭訟則適用中國法律也至英法人與中國人爭訟須用中國法律自無待言

明律則改爲『凡化外人犯罪者並依律擬斷』無復中外之別

明律注云『化外人即外夷來降之人及收捕夷寇散處各地方者皆是』對於化外人之解釋與唐律疏議不同恐非是蓋來降人等已變成中國人不必別立規定也明代外人僑寓者視唐宋爲少且不見有蕃長等官則其一切受治於本國法律固宜

依唐律本意則中國法官審判外人罪犯時『須問其本國之制依其俗法斷之』云爾原則上並不以審判權授諸外人也然對於外國而一一調查其「俗法」爲事頗繁難故爲程序簡易起見往往委蕃長以便宜從事然亦限於輕微罪而已罪稍重者仍付正式法庭

萍洲可談卷二『蕃人有罪詣廣州鞫實送蕃坊行遣……徒以上罪則廣州決斷』

然而官吏偷惰奉行不善時或放棄職權委諸外人甚至中外鬭訟之案亦依蕃例

樓鑰攻媿集卷八十八特進汪公（大猷）行狀云『蕃商雜處民間而舊法與郡人爭鬥非至折傷皆用其國俗』

惟伉直守法之長吏每當官而行不稍假借

宋史王渙之傳．『渙之知福州．未至．復徙廣州．蕃客殺奴．市舶使據舊比．止笞其長杖．管渙之不可．論如法．』

又汪大猷傳．『大猷知泉州．故事．蕃商與人爭鬥．非傷折罪．皆以牛贖．大猷曰．「安有中國用島夷俗者．苟在吾境．當用吾法．」』

又張昷之傳．『徙廣南路轉運使．夷人有罪．其酋長得自治．而多慘酷．昷之請一以漢法從事．』

其有濫用此特許的恩惠與惰力的習慣而認爲正當權利爲治外法權之要求者．實自明成化間之日本人始．論史者有餘恫焉耳．

明史日本傳云．『成化四年十一月．使臣淸啓復來貢．傷人於市．有司請治其罪．詔付淸啓奏言「犯法者當用本國之刑．」且自服不能鈐束之罪．帝俱赦之．自是使者益無忌．』案淸啓曲解唐律條文．不服裁判．而朝廷亦寬假容之．此領事裁判權痛史之第一幕也矣．

附錄

國文語原解

一、前言

人之有語言．其所以秀於萬物乎．所懷抱於中者．能曲折傳達之．以通彼我之情．於是智識之交換起．而模倣性日以發達．此社會心理成立之第一要素．而人類進化之筦鑰也．與語言相輔而廣其用者曰文字．時地間閡語言用窮．有文字．則縱橫萬里之空間．上下百代之時間．皆若覿面相接．社會心理之所以恢廓而愈張．繼續而不斷者．賴是也．今存於世界之文字．以數十計．綜其大別．不出二派．一曰衍聲．二曰衍形．衍聲者自古代東方之印度．西方之腓尼西亞．遞嬗至希臘羅馬．以爲今歐洲諸國之國文者是也．衍形者．自古代西方之巴比倫埃及．東方之中國．及受其文系之安南日本等國是也．然衍聲之派．其所憑藉者亦在象形文字．今羅馬之二十五母．編辭書者尚能探其朔於埃及．以明其遞嬗之跡．觀鳥獸蹏迒．而分理之．以相別異．人智不甚相遠也．腓尼西亞人．

以商業渤興，力趨簡易。乃剌取埃及二十餘文爲音本以衍其聲，遂別開生面以大賚今日之歐土，此偶然之發明，而後人無意中食其賜者也，乃若我中國，雖以衍形爲宗，而固未始不根於聲，何則，凡人類先有語言而後有文字，非先有文字而後有語言，當其肇造一文也，必先有其口中所以命此事物之音，然後寫其形以實之，如一大爲天，此其形也，然天何以得梯烟切之音，則必其當未造天字以前，仰觀夫穹高而廣大者，而既以梯烟切之天呼之，及造字後，則寄此聲於此形云爾，其它各文，例皆準是，洎夫社會之生事日緐，人之所欲表其中心之思想者日複雜，故語言日多，然文字緣以日滋，其在衍聲派之文字，則遺形以達聲焉，其在衍形派之文字，則不能遺形固也，然又未嘗能遺聲，故後起之字，可以四類括之，一曰事物既有其聲，其聲在前此亦既有文以表之，又其事物之屬性，前此亦既有文以表之，乃取表其聲之舊文與表其屬性之舊文，綴合以成新字，形聲是也，例如江河，水表其屬性也，工可表其聲也，當未制江河二字以前，北人見此汩汩而黃者，呼以可，南人見此滔滔而清者呼以工，而其屬性則皆水也，水工可三語，既有前文，綴而合之，此一種也，二曰事物既有其聲，而其聲在前此未有文以表之，惟其屬性之一部分，則前此既有文以表之，乃取表其屬性各部分之舊文，相綴合成字而命以新聲，會意是也，例如武信，口中先有武之一聲，而前此無表武聲之文也，乃會合止戈二舊文之意，而錫以武聲，人言之爲信亦然，此又一種也，三曰同一事物而有兩種以上之聲，或其屬性有一部分之差別，而其聲及其屬性在前此亦既各有表之之文，緣此故爲兩種以上之形，乃溝而通焉，使各相受，轉注是也，例如初哉諠皆訓始，然初爲裁衣之始，哉爲草木之始，屬性小異，而各具固有之元聲，此元聲差別之起因，或由屬性，亦或由方言，或由時代之相閡，皆得溝而通之，此又一種也，四曰事物既有其聲，其聲在前此既有文以表之，但其屬性，在前此未有文以表之乃卽取其表聲之舊文賦與新屬性之意義故形同聲同而義各別叚借是也例如不爲不爲花蕚爲爲母猴既有文以表之取消詞之不與花蕚同聲而未有其文也卽借同聲之不以命之作爲之爲與母猴同聲而未有其文也卽借同聲之爲以命之此又一種也準此以談則雖衍形派之文字其亦何能遺聲最初所造之字夫既先有語言之聲而後以文表之其後起之字亦然許氏說文序曰倉頡之初作書蓋依類象形故謂之文其後形聲相益卽謂之字文者六書中之象形指事也字者六書中之形聲會意轉注叚借也形聲會意轉注叚借既不外形聲相益而象形指事又必先有語言乃象焉指焉以達之然則安所往而能遺聲耶而形聲相益則雖謂之衍聲焉可耳劉熙之作釋名無一字而不以聲爲訓蓋有所受矣但遺形而衍聲者以聲爲主其衍之之法極簡單而自由無所沾滯故衍之得至無垠社會進步之後語言日趨複雜而表之之文字亦得應於其程度隨而複雜且以方法簡單之故其於普及教育嬗進智識也最便衍形而兼衍聲者以形爲主形之爲物固定衍之不能自由既不離形以衍聲則聲並爲形所束縛而不得自由以爲衍文字遂成爲固體洎社會之新事物新思想發生舊有之文不足於用而無術以補之惟乞靈於轉注叚借之二例而能表者與所表者之範圍往往不脗合而去造字之時代愈遠則文字與語言愈分離欲藉文字之用以通彼我而相覘以智識其道甚艱而不能逮下故近世有識者莫不苦之而思所以易之雖然易之抑談何容易我國文字行之數千年所以糅合種種異分子之國民而統一之者最有力焉今各省方言以千百計其能維繫之使爲一國民而不分裂者以其不同言語而猶同文字也且國民之所以能成爲國民以獨立於世界者恃有其國民之特性而國民之特性實受自歷史上之感化與夫其先代偉人哲士之鼓鑄焉而我文字起於數千年前一國歷史及無數偉人哲士之精

神所依託也．一旦而易之．吾未知其利害之果足以相償否也．夫生今日而採萬國之法．製一完善之衍聲字母．取吾國民所固有種種複雜之發音．而悉能網羅以衍之．其事抑非甚難．然雖有此新母．而舊字之不可以廢．則既若是．舊字既不可不學．而復益之以新字．其毋乃使學者益其勤已乎．日本廢漢字之議．倡之已二十餘年．且有議並廢和文．代以羅馬字者．彼中有力人士多贊之．然至今不能實行．誠不易也．況夫中國．則又與日本異．日本無固有之文字．一切悉受之於我．卽其假名．亦漢字之偏旁耳．故漢字自外鑠者也．羅馬字亦自外鑠者也．抑何所擇．若我國文．則受諸吾祖．國家之所以統一．國民特性之所以發揮繼續．胥是賴焉．夫安可以廢也．不佞自數年前．頗熱心於新字問題．而至今則反顧而深有所憚者．良以是也．然為教育事業普及而逮下起見．抑未敢盡非新字說．無已．則造一種新字．與舊字並行．其新字專為下級人民不能受中等以上教育者之用．其或庶乎其可也．而稍進而受中等教育者．則固不能辭兩習之勞．雖益其勤．非得已矣．夫日本之不能遽廢漢字也．則尤有故．彼泰西之文．其以衍聲易衍形也．既數千年．彼雖無所謂形聲相益者．而大率皆聲聲相益者．試觀今日英德法諸國文．其綴多母以成一字者．就其母以解剖之．則恆見有數義存焉．或合本國通用語之數語以成一字．或合羅馬古語之數語以成一字．或古語今語甚乃他國之方言．糅合以成一字．故無論何字．績學者皆能考其語源．以聲聲相益故也．故有聲相同而母殊者．亦有母相同而聲異者．夫是以雖衍聲而所表之義能正確示別．不詒讀者以鼠璞之誤．蓋其受諸歷史者然也．今使日本人廢漢字和字．而易以羅馬字．則前此既無聲聲相益之字．字之音同義別者．不知凡幾．壹皆察其形而知其意．一旦廢形不用．而惟采簡單嚴格之綴字法．悉取其語言而衍之．則字義混淆．在在不能正確．學問之道．末由發達．以底於精深．而法律質劑之間．且將起無量之爭議．

安見其能通也。日本廢舊字之論。所以倡者雖衆。而久未能實行者以此。日本且然。況我國文又爲歷史之產物者乎。夫我國文之衍形。其缺點固如前述。而其優點抑未嘗無也。歐文聲與聲相益。故驟視之而欲索解也頗難。必研究其聲之所自受。而后能言其義。而聲之所自受。亦不過表其無形之音。而非表有形之事物。故肄英法德文者。遇含義稍富之字。則必探其朔曰。此娋合羅馬之某字某字而成也。而娋合羅馬之某字某字。何以遂能成今義。則又非識羅馬文。且曾治羅馬學者。莫能言之也。故在歐土而欲爲高尚之學者。其用力之勤與取塗之紆。固亦不讓於中國。我國文則或形與形相益。或形與聲相益。形也者。視而可識察而見意者也。故驟視之而概念可以發生焉。其形聲相益之字。則既覩所益之形而知其意。復覩所概之聲而知其讀。此最便也。而文字之泰半。實屬此類焉。其獨體之象形指事字。與夫形形相益之會意字。則雖不能望形以知其聲。固能察形以知其意。惟叚借字寓聲於他形。非可臆測以得。而必賴於指授。此則與彼純衍聲者。殆相類矣。準此以談。則彼我得失之數。亦正相半耳。但我國既主衍形。而其形則由古而籀而篆而隸以迄於今之楷行草。不知幾經遞嬗變化。或與固有之形。絕不復相肖。故欲按形索義。往往有差毫釐而謬千里者。雖然。此仍不足以揜其長也。不佞既信國文之不易變置。又鑑其委曲繁重。不適於普及。爲教育家深所患苦。頗思別闢塗徑。爲新研究法。以餉國人。學殖淺薄。志焉未逮。屬方草史冥想先民生活之程度。進化之次第。考其思想變遷之跡。而覆按諸其表。此思想之語言文字。犂然其若有爪印之可尋也。輒相說以解。手舞足蹈而不能自已。乃劄記四十八條九十七文。名之曰國文語原解。雖所發明者不過九牛一毛。然自信於國學。蓋有小補。循此法以求之。則世人所目爲乾燥無味之字學。或可爲思想界發一異彩焉。其於國粹之發揚。與國弊之矯正。或能間接以生效力也。故過而存之。抑我國近二百年來江藏段王諸大儒相踵起又益以咸同間金石家言其於漢志之所謂小學者披荊翦棘登堂履閾用力至劬而所以餉後學者亦至厚吾儕生今日藉外國新智識之輸灌旁通觸類以與諸先輩研究所得者相證明是先輩菑畬而吾儕獲其實也故吾每搦管而不知所謝但恪守其家法蘄勿爲先輩羞而已國方多難待解決之問題不知凡幾顧乃爲此舉世不治之學毋乃翫物喪志未忍覆瓿聊復存之自丁未正月十七日迄二十日著竟記

二、解

姓

說文云人所生也从女从生會意生亦聲古之聖人母感天而生子故稱天子春秋隱公八年左氏傳曰天子建德因生以賜姓今按姓从女从生者言女所生也白虎通曰古之時未有三綱六紀民人但知其母而不知其父嚴譯甄克思社會通詮言初民所生子女皆從母以奠厥居以莫知誰父故也此實姓从女之眞意古代著姓若姚若姒若姬若姜若嬀若嬴若姞若妘文皆從女實本於是五經異義引詩齊魯韓春秋公羊說皆云古者聖人無父感天而生左氏說則聖人皆有父鄭康成則引詩玄鳥生商及漢高母劉媼感赤龍事謂雖有父仍不害其感天以此爲調停之說不知此皆宗教家言耳實則古代婚姻制度未立無夫婦故無父子莫知誰父乃不得不從母謂無男性之牉合而能生子其荒誕固不待辨然確指其有父是又不喻初民之狀態者也至感天之說則宗法時代以此繫民宗教之作用也

太平御覽引易緯是類謀云聖人興起不知姓名當吹律聽聲以別其姓黃帝吹律以定姓是也吹律定姓似屬至可笑之事然甄氏社會通詮又言澳洲蠻俗圖騰有祭師長老所生者聽祭師爲分屬以定圖騰焉此其事抑與吹律定姓甚相類矣初民狀態不謀而略相同也

其後進爲宗法社會則姓爲貴族所專有而平民奴隸不得與焉蓋緣不知誰父而有感天之說既有感天之說則長於其宗者稱爲天子而凡屬於此宗者皆謂同出於天翹之曰百姓以與齊民異詩杕杜不如我同姓傳同祖也又麟趾振振公姓傳公同姓也禮記郊特牲戒百姓也注王之親也又曲禮納女於天子曰備百姓又大傳繫之以姓而弗別注姓正姓也始祖爲正姓高祖爲庶姓又書堯典平章百姓鄭注羣臣之父子兄弟凡此皆姓爲貴族專有之證也古書中多有以百姓與民對舉者書平章百姓黎民於變時雍又黎民阻飢百姓不親國語周語百姓兆民

亦有天子特賜之姓者書禹貢錫土姓左傳隱八年天子建德因生以賜姓國語周語王公之子弟之質能言能聽徹其官者物而賜之姓以監其官是爲百姓注官有世功受姓氏者是天子能以百姓之資格予人也凡在宗法社會其有宗人之資格者則凡社會之產業與夫本宗應享之利益應有之權責乃至祭祀昏喪及宗教之所有事咸得與焉故其獲此資格也甚難其唯天子得以錫之也

民　奴　女　民古文作[illegible]或作[illegible]奴古文作[illegible]女古文作[illegible]此三字意義互有關係錢唐夏氏曾佑曰[illegible]者[illegible]下加乀此人械一足象也山海經貳負之臣曰危危與貳負殺窫窳帝乃梏之疏屬之山桎其右足反縛兩手與髮繫之山上木械一足縛兩手與髮於木上與[illegible]形正同蓋古者待降人之常法也由是觀之上古民字之

義。殆如漢唐之稱虜矣。今案古文𠬝與古文𡰥同形。𠬝卽𡰥。或从●。或从㇄。皆所以指事。指所械也。詩候人季女斯飢。傳女民之弱者。然則女字之語源。亦與民同。凡降人其男則械之。其女則否。以其弱故防之不必嚴也。奴則其已馴服者。故从人从古文女。不問男女而皆去其械也。

民者古之所以稱異族含賤蔑之意。說文民衆氓也。廣雅釋言民氓也。書呂刑苗民勿用靈。鄭注此族三生凶惡。故著其氏而謂之民。民者冥也。言未見仁道。春秋繁露民者暝也。荀子禮論注民泯無所知者。賈子六政民之爲言萌也。萌之爲言盲也。周禮以興利耡萌注萌猶懵懵無知皃也。此皆民字所以得聲之由。亦卽其所以起義之由。皆貴族輕藐賤族之言也。又氓从民从亡會意。謂自他部落亡而來歸者也。詩氓之蚩蚩義亦與萌盲泯同。初則鹵掠他部落之人爲民。後有自他部落歸來者謂之氓也。

說文奴婢皆古之辠人也。今案俘自他族者則以爲奴。本族有罪者亦削籍爲奴。此古社會之通例也。始焉克敵則殺之而已。洎夫產業事興。知手指愈多。而所助於生計者愈厚。於是有降服者則貸其死而械其足供使役。因名曰民。及其既馴。乃去其械。故古文奴从女不从民。謂民之已去械者也。

女與民同形者何也。凡古代婦女男子皆視爲奴隸。甄克思曰社會女子之終於一夫。徒以人功價值之昂。男子欲保其身與其所生之力役而已。又曰古代昏姻皆由掠奪。蓋男子以强力劫其鄰部之女子以歸也。然則女之取義與民同源。抑有由矣。說文女下云婦人也。象形。王育說。段注云不得其居六書何等。而惟王育說是象形也。蓋象其揜斂自守之狀。余按王育說必有所受。許氏覺其無形可象。故存其說而不敢遻指爲是。段氏則直嚮壁虛造矣。豈知民字本爲象形。而女字卽省民之形而象之耶。說文以民部次於女部之後。亦必有所本沿襲久而失之耳。

由此觀之女與奴爲同物而民之資格抑視奴更下焉皆不能與百姓享同等之權利者也其後民之界說漸寬雖貴族亦同此稱蓋一則無制限昏姻之禁種族漸淆一則貴族之人日多其不得官者耕田鑿井與民無異因卽以民之名加之於是舉社會中惟有君主與民之兩階級而無復貴族之階級介乎其間此實進化之一現象也。

然貴族一階級雖除而有罪削籍之制仍緣而不廢乃於民之下而別生出奴之一階級說文謂奴爲古之辠人此後起之義也古者由民而進爲奴後世由民而降爲奴也。

夅 說文服也从夊㐄相承不敢並也會意今案此卽降服之降字也篆文作夅夂刃也說文夌下云夌越也从刃然則夂卽刃也㐄象人械雙足而跪之形械其足而臨之以刃使降服也。

童 妾 說文童下云男有辠曰奴奴曰童女曰妾从䇂重省聲妾下云有罪女子給事者从䇂从女會意侯官嚴氏復云童妾之文皆从䇂蓋種人有罪而無力自贖則沒爲奴婢也今案嚴說是也但其云童妾之文皆从䇂則非䇂之義與有罪不相覆也童妾所从之䇂說文云辠也从干二會意二卽上字干犯也犯上故爲罪童妾从之者正明其爲罪人耳周禮太宰臣妾聚斂疏材注臣妾男女貧賤之稱又司隸其奴男子入於辠隸女子入於舂槀皆此義也童或加人爲僮史記貨殖傳僮手指千又僰僮注皆云奴婢也漢書賈誼傳今民賣僮者注謂隸妾也又司馬相如傳卓王孫僮八百人注謂奴也此皆後起之奴隸也。

取 娶 婚 說文取下云捕取也从又从耳會意今案又者手也以手馘耳曰取周禮獲者取左耳是其義也。

爾雅釋詁。探篡俘取也。左莊十一年傳。覆而敗之曰取。然則取字之語源。含有取之於敵之意。說文娶下云。取婦也。从女。从取。會意。取亦聲。然則娶字之語源。實含掠奪意。可見近世社會學者言最初之婚姻。實爲掠奪。甄克思社會通詮曰。奪婦之風。今雖久亡。然其跡尙存於禮俗。至今猶以女子怡然來歸。無事强逼者爲足賴焉。歐俗嫁娶。爲夫壻儐相者稱良士。此古助人奪婦者也。爲新婦保介者曰扶孃。此古助人扞賊者也。既合巹。壻與婦相將外游。踰旬時始返。謂之蜜月。此所以避女氏之鋒。而相與逃匿者也。今按禮經士昏禮。壻婦皆有從者。其禮俗所緣起。亦當與彼同。而說文婚下云。婦家也。禮娶婦以昏時。婦人陰也。故曰婚。从女。从昏。會意。士昏禮注云。士娶妻之禮。以昏爲期。因而名焉。必以昏者。陽往而陰來。今案許鄭二君。皆以陰陽之義說昏禮所以用昏時之故。此不通古俗而穿鑿傅會也。實則暮夜取便掠奪耳。易匪寇昏媾。緣寇與昏媾最易相混也。此皆非借今日之新學說。無以解之。及夫後世蠻俗盡去。而其蛛絲馬跡。猶存諸禮制中。蓋禮之起緣於慣習。所從來遠矣。

或　國　說文或下云。邦也。从口。从戈以守一。會意。一地也。今案此造字最精之義也。从口者。古人文字多以口代人。如合字同字之从口皆是也。人在地上。以戈守之。此正國字之解釋也。近世學者言國家之要素三。曰領土。曰人民。曰主權。或字之口。所以表人民。其一所以表土地。其戈所以表主權也。表主權而必以戈者。必以武力乃能保國家之獨立。且使人民生服從之關係。故非戈不爲功也。其後加囗爲國。說文國下云。邦也。从囗。从或。會意。囗所以示國界。蓋確定領土之觀念也。

國字之原意。與或小別。或指全國。國指都內。考工記匠人。國中九經九緯。注。城內也。周禮士師。三曰國禁。注。城中也。又太宰。以佐王治邦國。注。邦之所居曰國。孟子。在國曰市井之臣。注。謂都邑也。齊語。參其國而伍其鄙。注。國謂郊以內也。然則國之正字實爲對野對鄙而言。古代人民皆爲堡聚。春夏秋則散之郊鄙。以耕以牧。及冬則斂其畜藏。而返諸堡聚。或遇敵侵。則亦羣徙於堡以守焉。公羊宣十五年傳注。所謂春夏出田。秋冬入保城郭是也。希臘古俗亦然。故古代人民常認城郭以內爲國。此國字之所由起也。迨世運日進。人民不專萃於都邑。於是視地方之重要。與中央等。故國字遂奪或字之義。而或之本訓。反爲叚借所掩矣。

家　說文。居也。从宀。豭省聲。段氏玉裁曰。竊謂此乃豕之居。叚爲人之居。如牢爲牛之居。叚爲拘辠之陛牢也。豢豕之生子最多。故人居處借用其字。久而忘其本義。使叚借之義得冒據之。蓋自古而然。許書之作。雖正其失。而猶未免此。且曲爲之說。是千慮之一失也。今案。段說是也。然所以必叚借此字者。猶未能言其故。周禮小司徒。上地家七人。注。有夫有婦然後爲家。然則家不惟含有居室之義。且含有家族之義。家族之起。必自進於牧畜時代以後。故家之語源與牧畜相附麗。亦宜。牧畜之業。以牛羊豕爲最普通。然牛羊放之於野。豕則圈之於舍。故家族之所居。必與豕相鄰。且初民生事至艱。不能多營宮室。既搆數椽以蓄畜其豕。旦晝適野。暮歸則與豕同棲。其後遂叚豕之居爲人之居。蓋以此也。

尹　君　后　說文尹下云。治也。从又握。丿事者也。今案又者手也。丿者所握者也。此指事字也。掌握主權。謂之曰尹。說文君下云。尊也。从尹發號。故从口。古文象君坐形。白虎通。君羣也。荀子王制。君者善羣也。春秋繁露。君者不失其羣者也。又君者元也。君者原也。君者權也。荀子君道。君者民之原也。尊羣元原權。皆君字得聲之由也。侯官嚴氏曰。條頓種之種君曰開寧。巴社種曰可汗。今英人謂其王曰欽。德人謂其王曰區匿。皆與中國君字音近。殆同出一原歟。

說文后下云。繼體君也。象人之形。施令以告四方。故厂之从一口。發號者君后也。朱氏駿聲曰。从坐人从口。會意。與君同意。今按朱說是也。以其爲繼體君。故引申爲先後之後。又釋名天子之妃曰后。后後也。言在後不敢以副言也。亦引申之義。

臣　說文事君者也。象屈服之形。今案臣之本訓。亦與民相近。書費誓臣妾逋逃。鄭注臣妾廝役之屬也。周禮太宰八曰臣妾。注男女貧賤之稱。禮記少儀臣則左之。注謂囚俘。又樂記商爲臣。注服也。漢書高帝紀臣少好相人。注古人相與語。多自稱臣。自卑下之道也。左氏僖十七年傳梁嬴孕。卜曰。將生一男一女。男爲人臣。女爲人妾。故名男曰圉。女曰妾。此皆臣之本訓也。古義臣與官不同。說文官下云。吏事君者也。从宀从𠂤。會意。𠂤猶衆也。廣雅釋詁一官君也。國語周語王公之子弟是爲百姓。姓有徹品於王。謂之千品。五物之官。陪屬萬。爲萬官。官蓋貴族之佐君以執行國政而治民者。就其佐君言之。可謂之事君。就其治民言之。亦可謂之君也。臣則民奴之位置稍高者耳。以臣而任官者謂之宦。說文宦下云。仕也。从宀从臣。會意。國語越語與范蠡入宦於吳。注爲臣隸也。此其義也。及後世貴族階級消滅。而臣始與官混。

王皇　說文王下云。天下所歸往也。孔子曰。一貫三爲王。董仲舒曰。古之造文者。三畫而連其中謂之王。三者天地人也。而參通之者王也。今按據許說。則王者會意字也。必自宗法社會以進入於國家社會。然後得有此觀念。我中國三代以來之政治思想。謂天下國家非一人一姓所得私。惟有德者宜爲之君。論君主之資格。不以血統而以道德。貫通三才。民所歸往。卽王者所必要之資格也。此其義與古代所謂君者絕異。至孔子而大昌之然亦必先有此說考唐虞之書無王字始見於禹貢王屋孟子引夏諺曰吾王不游然則始於夏也古大誓至於王屋馬注王所居屋然則王屋山殆禹治水時所曾居因以得名歟但王居門爲閏而閏字已見堯典則似唐虞前已有王字然此或當時雖已推曆知閏而尚未賦以定名此名爲後人所追加也

說文皇下云大也从自自始也始王者三皇大君也會意自讀若鼻今俗始生子爲鼻子今案皇字當更起自王字之後三皇稱皇者後人追稱也

父　說文家長率敎者从又舉杖朱氏駿聲曰　指事也今案父與尹同形同義父古文通作𠬝而尹考鼎之尹字正作𠬝兩者皆从手持物會意字也宗法社會家長卽君兩者之性質無甚差別也故父之兄弟曰諸父父之父曰王父

田　畋　男　疇　說文田下云陳也樹穀曰田象形从口从十廣雅釋地田土也釋名釋地已耕曰田此皆以農耕之義爲解釋也然易繫辭以田以漁又師卦田無禽書無逸不敢盤于游田詩叔于田周禮田僕以田以鄙穀梁桓四年傳春曰田禮記曲禮天子諸侯無事則歲三田此皆田獵之義後儒謂此乃叚借田疇之田以爲用然漁獵社會遠在農耕社會以前斷無前人反叚借後人所造字之理竊以爲田獵之田實其本字而田疇之田乃其叚借字也易繫辭作結繩而爲罔罟以田以漁罔篆作网說文云象网交文而鐘鼎从网之字皆作冈與田相似竊以爲田字之十乃象結罔形其口則畫各部落獵場之界也厥後耕稼事興而田疇之形又正與相類乃卽叚此而爲之耳既叚田爲田疇而本字反加攴爲畋以示別此又其後起也

說文男下云丈夫者也从田从力會意言用力於田也許君此文田字指田獵之田抑指田疇之田雖不可知

然鄙意謂必當爲田獵之田。蓋男字之起原當甚古。必不待農耕時代而始有也。

說文畜下云。田畜也。淮南王曰。玄田爲畜。魯郊禮文从茲从田。茲益也。侯官嚴氏曰。畜从茲田。滋所畋者也。今按嚴說是也。甄克思曰。初民雖無遠慮而貪饕。然其愛物好弄之情。視文明人時或過之。故畋獵所獲。苟既供日食而有餘。則常留一二以爲珍。而不必盡出於殺。故豢養之事。始於畜玩。其後或閱時而無所獵獲。則殺所畜而饗之。於是知畜牲之大用。不徒玩好。且以救飢。而豢擾之業愈興矣。此說大可以證明畜字之語源。从茲田者。謂田獵所有餘也。孟子畜君者。好君也。呂覽適威民善之則畜也。注畜好也。以好訓畜。此亦畜牲起於玩好之證歟。

昔　說文云。乾肉也。从殘肉。日以晞之。今案此昔字之本訓也。後世則叚借爲古昔之昔。而乾肉字則加月爲腊。古昔之昔。所以叚義於乾肉者。初民之記憶力不能及遠。食乾肉之時。猛憶前此晞之之日。則指爲昔。此所以引申爲名也。从殘肉。亦其所餘之肉。蓋初民必無專宰牲以供製腊之用者。必食而有餘。乃始晞之。亦與畜之从茲同義。

有　求　說文有下云。不宜有也。春秋傳曰。日月有食之。从月又聲。侯官嚴氏曰。从手肉會意。謂手所持肉也。今按齊侯鍾咸有九州文正从肉不从月。說文云从月而不能解釋其所以从月之由。乃引日月有食之。穿鑿甚矣。太古人民絕無所有權之觀念。惟手所持之食物。則目爲己有。此與兒童之思想。其簡單正相類。

說文求下云。裘之古文。省衣。象形。朱氏駿聲曰。當从又从尾省會意。以手索取物也。孔子弟子冉求字有。有者以手取月。名字相應。今案許說之誤。無待言。朱說亦未盡。竊謂求當从手从殘肉、會意。石鼓文君子之求作[illegible]。

而郣敎昔作[illegible]。牧敎作[illegible][illegible]。鼎作[illegible]。枈其殘肉。而或單排之。或雙排之。或三排之。或上向。或下向。皆所以象其凌亂之形也。有者。手所持之肉爲己有也。求者。人所餘之殘肉。從而以手求之也。

奪　盜　說文奪下云。手持隹失之也。从又从奞。按隹鳥也。今按此字蓋起於射獵時代矣。說文盜下云。私利物也。从次。次欲也。从皿會意。今按初民所欲盜者惟食物也。

安　寍　甚　說文安下云。竫也。从女在宀中。會意。飲食男女。人之大欲存焉。故寍从宀心皿。安从宀女。寍下云。安也。从宀心在皿上。會意。人之飲食器。所以安人。甚下云。尤安樂也。从甘匹。匹耦也。會意。段注甘者飲食。匹者男女。今案此皆至精之義。訓安寍皆從宀者。宮室也。有宮室有飲食有男女。生計粗備矣。故安樂也。

它　說文。[illegible]虫也。从虫而長。象宛屈垂尾形。上古艸居患它。故相問無它乎。或从虫作蛇。今案此說明佗字引申之義。最饒趣味。

凶　虐　畏　說文凶下云。惡也。象地穿交陷其中也。指事。虐下云。殘也。从虍。虎足反爪人也。畏下云。惡也。从甶从虎省。會意。鬼頭而虎爪。可畏也。今案。虐篆作[illegible]。畏篆作[illegible]。虐之[illegible]象虎爪。漢隸省人也。畏之[illegible]爲鬼頭。下從虎爪人形。此可見漁獵時代人民之思想。以陷入於阱爲最凶。以虎爪人爲最虐而可畏。畏鬼頭者。亦初民之迷信也。

入　內　說文入下云。內也。象从上俱下也。內下云。入也。从冂从入。自外而入也。今案入篆作人。故云从上俱下。此營窟時代之俗也。

古　說文云。故也。从十口。會意。十口識前言者也。十口相傳爲古。十口並協爲叶。今案未有文字以前神話皆託

諸口碑故十口相傳爲古也

蠱　說文云腹中蟲也春秋傳曰皿蟲爲蠱晦淫之所生也梟桀死之鬼亦爲蠱从蟲从皿會意今案蠱之起源蓋甚古周禮庶氏掌除毒蠱翦氏凡庶蠱之事爾雅釋器康謂之蠱史記秦本紀以狗禦蠱又封禪書磔狗邑四門以禦蠱而易亦有蠱卦是古代即有此名詞可知蠱乃微生物毒害人者今醫家大從事於黴菌之發明然猶苦未能盡古代乃能見及可謂異事然至今苗族猶善用蠱蓋野蠻人之奇術常有爲文明人所不及者如埃及古代人之木乃伊之類是也此蠱字或由與苗族交涉始有之乎苗人多鬼神異術故蠱含有詭異之性質漢時之巫蠱是也殺狗以禦亦由迷信而來周禮至專設兩官以掌此殆當時我族甚患苦之也

焚　野　說文焚下云燒田也从火从林會意（此據段氏訂定本）野下云郊外也从里予聲古文从林从里省作埜今案凡可耕之土必爲沃壤故草木叢生而爲林埜之所以从土上林也初民之進於農耕時代則烈而焚之故焚从火从林訓燒田也未耕之田謂之菑而菑亦與災通其義正同

委　說文云隨也从女从禾今案此會意字也而从女从禾何以能與隨之意相屬許君不及言之余謂隨乃後起之義訓其語源實不如是周禮遺人掌邦之委積孟子孔子嘗爲委吏矣注主委積倉廩之吏管子大匡三十里置委注謂當有儲擬以供過者公羊桓十四年傳粢盛委之所藏也甘泉賦瑞穰穰兮委如山此皆委之本義謂所儲餘糧也从禾从女者禾以女守之也初民之進入農耕時代使婦女司此事

厶　公　說文厶下云姦衺也韓非曰倉頡作字自營爲厶指事公下云平分也从八从厶會意韓非子五蠹篇曰背厶謂之公或說分其厶以與人爲公今案今本韓非子云自環者謂之私蓋厶篆作ㄙ自環也此兩字造

字之義深遠矣。

自 說文云鼻也。象形。今案引申爲自己之自者。凡人之自稱。每以手指其鼻。此殆自然之習慣也。

工 巨 榘 說文工下云象人有規矩也。段注直中繩。二平中準。是規矩也。今案此於六書爲指事。非象形也。横則句。豎則股。凡工之事。一規矩盡之。圓出于方。方出于矩。矩之法。一句股盡之。此造字之精義也。巨下云規巨也。从工象手持之。或又从木矢。矢者其中正也。今案禮記大學君子有絜矩之道也。古本作挈巨。管子宙合成功之術。必有巨獲。注矩彠也。此巨字之本義。

巫 說文云祝也。女能事無形。以舞降神者也。象人兩袖舞形。今案凡野蠻之祀神。無不僛僛以舞者。至今苗族及美澳各地之蠻族猶然。緣此字可見古俗。

夏 篆作䙺。說文云中國之人也。从夊从頁从𦥑。𦥑兩手。夊兩足也。又案頁頭面也。就字形諦審之。此必爲象人形無疑。顧有面頭有手有足。此一切人所同。何以特造此一字。而命爲中國人。此不可解。且中國人之稱諸夏。稱華夏。蓋由以朝代名爲國名。如今之稱漢人稱唐人。尤不應以中國人爲夏字之本訓。然書堯典蠻夷猾夏。此則在夏朝未建以前。豈此果爲中國人之本名耶。果爾則竟以大夏爲國名。良佳。存疑以俟來哲。

眞 說文云僊人變形而登天也。从匕。从目。从乚。乚隱也。八所乘載也。今案六經無眞字。莊子大宗師而已反其眞。而我猶爲人猗。列子天瑞歸其眞宅。此當是此字本義。今通眞實之眞字。古人多以信字當之。希臘學說標眞善美爲三德。孟子可欲之謂善。有諸己之謂信。充實之謂美。正與彼同。

仁 佞 說文仁下云親也。从人从二。會意。儀禮鄭注仁者相人偶也。春秋元命苞仁者情志好生愛人。故立字二人爲仁。春秋繁露。仁以愛人。義以正我。今案後儒說仁字之定義。言人人殊。此殆其本訓矣。說文佞下云。巧諂高材也。从女仁聲。（據徐楷本）小爾雅廣言。佞才也。左成十三年傳。寡人不佞。又十六年傳。諸臣不佞。晉語。佞之見佞。果喪其田。注。僞善爲佞。今案佞當从仁从女。仁亦聲。从女者。女陰道。言陰爲若仁也。國語韋昭僞善之訓。最合本義。古人用爲才。最普通。寡人不佞。諸臣不佞。猶言不才也。論語。仁而不佞。則流俗且以爲美德矣。後世解爲口才便給。乃其狹義也。

便 說文云。安也。人有不便。更之。从人从更。會意。今案。社會常因時改革。乃安也。

文字 說文文下云。錯畫也。象交文。字下云。乳也。从子在宀下。會意。子亦聲。今案。易繫辭。仰以觀於天文。又觀鳥獸之文。又物相雜謂之文。此文之本訓。卽自然界之現象是也。字者。廣雅釋詁一。字生也。易屯卦。女子貞不字。虞注。妊娠也。史記平準書。乘字牝者。索隱。孕字之牝也。然則孕生爲字。字本訓。說文序。倉頡之初作書。蓋依類象形。故謂之文。其後形聲相益。卽謂之字。文者物象之本。字者言孳乳而寖多也。此文字二字引申之義也。就其引申之義言之。則單體謂之文。複體謂之字。六書中象形指事爲文。會意諧聲爲字。四者造字之本。其轉注叚借。則用字之法也。文字之本意不相蒙。故許氏名其書曰說文解字。然對稱則別。散稱則通。後世雖文亦謂之字矣。若文章文學文明之文。則叚借彣爲之。說文彣下云。䋣也。从彡从文。會意。

士 說文云。事也。數始於一。終於十。从一从十。會意。孔子曰。推十合一爲士。今案。逸周書。胄子成人。能治上官。謂之士。此士之正訓也。蓋貴族別於平民者。所以取數字从一从十者。漢書律厤志云。數者所以算數事物。順性命之理也。數術之學。乃黃帝時代所獨發明。認爲日然法之一部分。惟貴族乃受其學。故士从之也。

辟 宰 說文辟下云。法也。从卩。从辛。節制其辠也。从口。用法者也。宰下云。辠人在屋下執事者。从宀从辛。會意。辛辠也。今案爾雅釋詁辟君也。書洪範惟辟作威。馬注辟君也。漢書五行志辟遏有德。注天子也。此辟之引申義。小爾雅廣詁宰治也。白虎通宰者制也。周禮目錄宰者官也。序官乃立天官冢宰。注主也。此宰之引申義。君相之稱。皆與辠字義相屬。蓋初進於法治國。其唯一之法律則刑法也。

亟 說文云。敏疾也。从人从口从又。會意。从二。二天地也。指事。人生天地間。手口並作。敏疾成事也。今案此字極複雜而有趣味。

弔 篆作弔。說文云。問終也。古之葬者。厚衣之以薪。从人持弓。會歐禽。按此會意字也。必起於未有棺槨以前矣。

貝 說文云。海介蟲也。古者貨貝而寶龜。周而有泉。至秦廢貝行泉。今案此說古代貨幣進化之次弟最為明白。後人謂夏禹時有安邑二貨金幣者。偽也。或乃言太皞伏羲時已有圜法。更不經矣。古代人民皆用實物交換。易繫辭所謂交易而退各得其所是也。及稍進乃始蓄一種物焉以為易中之用。而其最始恆用貝。各國古社會皆然。匪獨我也。蓋貝之為物有五德。一曰文采可觀。二曰質堅難壞。三曰體小可數。四曰採集較艱。五曰可貫以持。故當古代礦業未興以前。此物最適於為貨幣之用。故財賄貸貣賒質買賣貢賦賂賞賀贖賜賚貽買販貰責負寶貪貧貴賤等字。凡屬於經濟界者。罔不从貝。貝實古代經濟之樞紐也。說文毌下云。穿物持之也。毌象寶貨之形。兩貝為朋。一橫穿之。指事。貫下云。錢貝之貫也。从毌貝會意。是古之用貝以繩穿之也。

偽 說文云。詐也。从人為聲。今案當云作也。从人為會意。為亦聲。廣雅釋詁二。偽為也。釋言偽端也。又條也。又引也。詩兔爰。尙無造。傳造僞也。禮記月令。無或詐僞淫巧。今本作作爲。荀子性惡篇。不可學不可事而在人者謂之性。可學而能可事而成之在人者謂之僞。又正名篇。心慮而能爲之動謂之僞。又慮積焉能習焉而後成謂之僞。此僞字之本訓也。非不美之名。後引申爲虛假之義。爲之本義爲母猴。叚借爲作爲之爲。亦易混用。加人以明之。如毌貫本一字而加从貝。昔腊本一字而加从肉也。其後爲之本義爲其叚借之義所奪。而僞之本義緣此復爲其引申之義所奪。

灋

說文云。刑也。平之如水。从水。廌所以觸不直者去之。从廌去會意。今文从水从去。古文从亼从正。會意。又廌下云。解廌獸也。似牛一角。古者聽訟令觸不直者。段注。神異經曰。東北荒中有獸。見人鬥則觸不直。聞人論則咋不正。名曰獬豸。論衡曰。獬豸者一角之羊。性識有罪。臯陶治獄。有罪者令羊觸之。按古有此神獸。非必臯陶賴之德獄也。今案初民法律不備。而多迷信。使獸觸不直。非必無之事。此如歐洲古代之探湯決獄耳。及後世製字。遂會其意以成文。又从水者。說苑雜言云。孔子曰。夫水者君子比德焉。至量必平似正。盈不求槩似度。是水之德平且正也。从水以示平正。从廌去以示正直。然則灋之語源。實訓平訓正直也。管子七法篇。尺寸也。繩墨也。規矩也。衡石也。斗斛也。角量也。謂之法。凡以言其平且正直也。又正篇。當故不改曰法。如四時之不貣。如星辰之不變。如宵如晝。如陰如陽。如日月之明曰法。此所以示其固定不變。天下惟平而正直者。能固定不變也。孝經。非先王之法服不敢服。非先王之法言不敢道。注。法經也。常也。爾雅釋詁亦云。法常也。是其義也。其後用之於廣義。則爲成文法律之法。用之於最廣義。則爲法則方法之法。皆展轉引申也。釋名釋典藝云。法逼也。人莫不欲從其志。逼正使有所限也。此雖非最初義。然與近世學者所言法之觀念甚相接近。所謂莫不欲從

其志者言人人欲自由也使有所限者自由有界也逼者卽强制制裁之意而制裁必軌於正則我國之觀念也

古文从亼从正者說文亼下云三合也从入一象三合之形周禮小司寇以三刺斷庶民獄訟之中一曰訊羣臣二曰訊羣吏三曰訊萬民聽民之所刺宥以施上服下服之刑是古代治獄以輿論取決也書洪範三人占則從二人之言此輿論取決之法也故从三合之亼廣雅釋詁二法合也義本古文也

井 㓝 形 侀 型　說文井下云八家一井象構韓形今案此自井之本義然井之形實平而正且有水德故義通於法荀子儒效篇井井兮其有理也以井爲形容詞含秩序意易井卦改邑不改井王注井以不變爲德者也然則井也者具有秩序與不變之兩義者也秩序不變與法之觀念正合故廣雅釋詁一云井灋也易井卦鄭注亦云井法也越絕書記地傳云井者法也一切經音義引易記云井爲刑法也風俗通云井法也節也言法制居人令節其飲食無窮竭也此必其古義有所受者矣故㓝字从之

說文㓝下云罰辠也从井从刀會意易曰井法也井亦聲字今誤作刑似刑今案㓝與刑殊說文刑下云剄也剄下云刑也二者轉注然則刑之本義甚狹謂剄人之頸而已段注云㓝罰典型儀型等字以刑當之俗字也造字之恉旣殊幷聲幵聲各部是也說文法下云㓝也而此文云井法也是㓝法二字相轉注也詩毛傳亦屢云㓝法也段注曰易利用㓝人以正法也引申爲凡模笵之稱木部曰模者法也竹部曰笵者法也土部曰型者鑄器之法也據此則㓝法之爲轉注益信易曰利用㓝人以正法也是㓝含有正之意荀子彊國篇云㓝笵正金錫美是㓝以正爲貴也禮記王制云㓝者侀也侀者成也一成而不可變故君子盡心焉一成不變正與

型之性質相合。亦即法字之意也。其字又與彤通。左傳引詩形民之力而無醉飽之心。杜注云。形同刑。程量其力之所能為而不過也。然則刑有形式之意。模範之意。程量之意。其德則平正秩序而不變也。故典刑儀刑等字皆備此諸義。今若下其定義。則當云刑也者以人力制定一平正有秩序而不變之形式。可以為事物之模範及程量者也。與灋字之範圍正脗合。說文訓為罰辠者。就其狹義言之則罰辠之法也。

律

說文云。均布也。从彳聿聲。段注云。律者所以範天下之不一而歸於一。故曰均布。桂氏馥義證云。均布也者。義當是均也布也。樂記。樂所以立均。尹文子大道篇。以律均清濁。鶡冠子。五聲不同均。周語。律所以立均出度也。今案說文之訓。段桂之釋。皆能深探語源。確得本意。蓋吾國科學發達最古者。莫如樂律。史記律書云。王者制事立法。物度軌則。壹稟於六律。六律為萬事根本焉。漢書律曆志云。夫律者。規圜矩方。權重衡平。準繩嘉量。探賾索隱。鉤深致遠。莫不用焉。故曰萬事根本也。書言同律度量衡。而度量衡又皆出於律。夫度量衡為一切形質量之標準。而律又為度量衡之標準。然則律也者。可謂一切事物之總標準也。而律復有其標準焉。曰黃鐘之宮。黃鐘之宮者。十二律中之中聲也。以其極平均而正確。故謂之中聲。所以能為標準之標準者。以其中也。故律者。制裁事物之最嚴格者也。左傳云。先王之樂。所以節百事。是其義也。孟子曰。不以六律。不能正五音。蓋樂之為理。十二律固定不動。而五音回旋焉。若衆星之拱北辰。然則律者非徒平均正確而又固定不動者也。綜上諸訓以下其定義。則律也者。平均正確固定不動而可以為一切事物之標準者也。其後展轉引申。凡平均正確固定可為事物標準者。皆得錫以律名。易曰。師出以律。孔疏云。律法也。爾雅釋詁。律法也。常也。律法律通名之始也。爾雅釋言又云。律銓也。郭注云。所以銓量輕重。此猶刑之訓程量標準之意也。釋名云。律累也。

累人心使不得放肆。此猶法之訓逼。所以正不正也。自漢以還。而法遂以律名。史記蕭相國世家。獨先入收秦律令。又杜周傳。前主所是著爲律。漢書刑法志。不若刪定律令。是皆以律名法矣。多不克悉舉。

則　制　分　說文則下云。等畫物也。从刀从貝。會意。貝古之物貨也。段注云。等畫物者。定其差等而各爲介畫也。物貨有貴賤之差。故從刀介畫之。今案古者以貝爲貨幣。而貨幣之用。在於易中。故能權物之貴賤而等差之者。莫如貝。故曰等物。齊之如刀切焉。故曰畫物。从貝以示等。从刀以示畫。蓋含秩序均齊之意。既差等而猶命之曰均齊者。孟子曰。物之不齊。物之情也。本不齊者。因其等而等之。是乃所謂齊也。爾雅釋詁。則法也。常也。管子七法篇。根天地之氣。寒暑之和。水土之性。人民鳥獸草木之生物。雖不甚多。皆均有焉。而未嘗變也。謂之則。易乾卦。乃見天則。詩烝民。有物有則。六月。閑之維則。周禮大司馬。均守平則。又太史。掌則以逆都鄙之治。左僖九年傳。順帝之則。文十八年傳。則以觀德。昭六年傳。聖作則。周語。蔑棄五則。魯語。毀則者爲賊。晉語。略則行志。夏小正。將閑諸則。離騷名余曰正則兮。傳注皆訓法。此則字之本義。蓋均齊秩序而不變。與法之觀念正脗合也。

凡字之从刀者。多含以刀切齊之之意。又含差別之意。如荆則分解列制等皆是。說文分下云。別也。从八从刀。會意。刀以分別物也。列下云。分解也。別下云。分解也。解下云。判也。从刀判牛角。會意。制下云。裁也。从刀从未。會意。未物成有滋味。可裁斷。皆其義也。管子七臣七主篇。律者所以定分止爭也。荀子禮論篇。求而無度量分界。則不能不爭。爭則亂。先王惡其亂也。故制禮義以分之。禮記禮運。男有分。凡此皆含等畫物之意。與法則義相通。法之爲用。不外定分以止爭耳。無論公德私德。莫不有然。此字之所以多從刀也。制字从未之義未詳。許君說近穿鑿。然其字古文又从彡作㓯。朱氏駿聲曰。以刀斷木。从未猶从木也。木老而堅中材用。故从未。古文从彡。象斫木紋。淮南主術訓云猶巧工之制木也。今按朱說近是。荀子王語篇處國有制注。謂差等也。禮記曲禮。必告之以其制注。法度也。越語君行制臣行意注。法也。此皆制字之引申義。與則字同意。

式 說文云法也。从工弋聲。今案式之取義在工。而工象規矩之形。直中繩。二平中準。所以衡度也。衡度者以中正平均爲體用者也。與法同觀念。故訓法。廣雅釋詁一。式灋也。詩下武下土之式。傳法也。周禮典婦功掌婦式之法。注婦人事之模範。又太宰以九式均節財用。注。式謂節度。老子抱一爲天下式。注猶則之也。

範 說文無範字。竹部笵下云。法也。竹簡書也。古法有竹刑。段注云。通俗文曰規模曰笵。元應曰以土曰型。以金曰鎔。以木曰模。以竹曰笵。一物材別也。說與說文合。今按據此則知笵與型同義。型卽荆也。故訓法。考工記。軓前十尺注云。書或作軋。軋法也。然則在車曰軓。範乃後起之字。縮合笵軓二文而成也。易繫辭範圍天地之化而不過。鄭注。範法也。書洪範僞孔傳云。洪大範法也。言天地之大法。然則範亦爲法之名。而其義又全與法同也。

卩 㞋 辟 令 命 卩卽古節字。與法字義相屬。說文卩下云。瑞信也。節下云。竹約也。蓋皆所持以爲號令者也。引申爲節制節度之義。賈子道術篇費弗過適謂之節。禮記樂記好惡無節於內注。法度也。又仲尼燕居樂也者節也。疏。制也。周禮趣馬簡其六節注。猶量也。此與法之訓逼律之訓累同意。皆言法之用也。示强制執行之意也。以手加卩爲㞋。㞋卽古服字。說文㞋下云。治也。从又从卩。會意。卩事之制也。服下云。用也。蓋法既立則服從於法之義。務緣而生也。又辟下云。法也。从卩从辛。節制其辠也。从口。用法者也。會意。觀此則卩與法之關係益明。爾雅釋詁訓辟爲法。又訓爲君。又訓爲辠。三者若絕不相屬。然皆是也。就其本體言之。則謂之法。就用法之人言之。則謂之君。就受法之目的物言之。則謂之辠也。說文報下云當辠人也。从𡴘从𠬝會意。義亦本此。

命令字亦皆从卩。蓋法者命令服從之關係也。說文令下云發號也。从亼从卩會意。命下云使也。从口从令會意。令亦聲。廣雅釋詁令禁也。又令君也。此與辟之訓法又訓君者同。其後天子之言謂之命令。上之對於下皆謂之命令。此其引申也。

寸　守　討　射　寺　等　度　說文寸下云十分也。人手卻一寸動𧖴。謂之寸口。从又一。指事。守下云官守也。从宀寺府之事也。从寸。法度也。討下云治也。从言从寸。會意。寸法度也。䠶下云篆文从身从寸。寸法度也。亦手也。寺下云廷也。有法度者也。从寸之聲。等下云齊簡也。从竹从寺。會意。寺官曹之等平也。據此則从寸之字多會法度之意。寸者量度之本位也。由寸而累之則爲尺。由寸而析之則爲分。故以擬法焉。亦取均齊之義也。說文度下云法制也。从又庶省聲。从又與从寸同。寸本从又。以一指事。皆借手爲度量之意也。

中　正　直　平　均　齊　此數者皆中國道德上之根本思想。而尤爲法律觀念之所從出也。是以比而論之。

說文中下云和也。从口丨上下通。段氏訂爲內也。从囗。朱氏駿聲曰當从𠁥。象射侯形。从丨通也。亦象矢形。橫穿爲毌。縱通爲中。用字从此作用。古文用作𠂣。則象侯更顯然矣。周禮射人與太史數射中。儀禮大射儀中離維綱。禮記射義持弓矢審固。然後可以言中。故盛算之器卽曰中。鄉射禮記皮樹中閭中虎中兕中鹿中是也。

今案。朱說是也。中正二字。皆以射喻。後世習用不察耳。我中國道德倫理之觀念。至有弓矢以後而始發達。蓋弓矢造於黃帝。而黃帝以后。我文明乃大進步也。當時新發明此種利器。既以威敵。復習用之。而覺其有種種之德。故矩矱知等字。皆从矢。而中正之德。亦以矢喻也。引申為凡適中之義。謂不偏不倚無過不及也。禮記有中庸篇。其言曰。中也者天下之大本也。又曰。君子而時中。又曰。執其兩端用其中於民。論語曰。允執厥中。又曰。中庸之為德也。其至矣夫。春秋繁露云。中者天之所用也。皆以之為最高之德矣。字之从之者曰用曰史。其从用者曰庸。从史者曰吏曰事。說文用下云。可施行也。庸下云。用也。事可施行謂之用。行而有繼謂之庸。爾雅釋詁云。庸常也。惟中而可用。故為常道也。說文史下云。記事者也。从又持中。會意。中正也。古代一切教育皆託諸史。故以中為史德焉。吏下云。治人者也。从一从史。會意。漢書景帝紀。吏者民之師也。管子明法篇。吏者民之所懸命。故从史。取中之意。事下云。職也。从史之省聲。一切人事。皆史所教。而以手持中為標準也。

說文正下云。是也。从止一。以止。朱氏駿聲曰。此字本訓當為侯中也。象方形。卽曰从止。亦矢所止也。受矢者曰正。拒矢者曰乏。故於文反正為乏。小爾雅廣器。鵠中者謂之正。是也。今案朱說是也。其後引申為凡正直之義。字之从之者曰是曰定曰政。說文是下云。直也。从日正。會意。定下云。安也。从宀从正。會意。政下云。正也。从攴正聲。余謂當訂為从攴从正。正亦聲。論語。政者正也。子率以正。孰敢不正。釋名釋言語。政正也。下所取正也。古文法从亼从正。亦會意。取正直之義也。

說文直下云。正見也。从乚从十目。會意。今案謂十目視乚。無所匿也。蓋以輿論取直之意。引申為凡正直之義。詩小明。正直是與。傳。能正人之曲曰直。荀子修身篇。是謂是非謂非曰直。韓非子解老篇。所謂直者。義必公正。

立心不偏黨也。又引申爲價直之直。當得者曰值。字本作直。詩柏舟。實維我直。傳相當値也。禮記投壺。馬各直其算。疏。當也。皆謂行宜享有者也。英文之 Right 本義爲正當。引申爲權利。日人以權利譯之。俟官嚴氏謂與原義不密合。詩。實維我直。爰得我直。實含有正當與權利兩意。故謂 Right of men 宜譯爲人直或民直云。說文平下云。語平舒也。从亏从八。八分也。此語源之果正確與否不可考。詩終和且平。鄭箋云齊等也。此實引申之義之最古者也。考中國平等思想。濫觴最早。而日日發達。以至於實行。書堯典平章百姓。卽以平爲義。雖其時有百姓與民之階級。由今日觀之。正與平等義相反對。然古代視異族之人。不以人類。蓋有所蔽而不足爲怪也、然以有此思想之故。故階級之界。日見消滅。至戰國時已不復留其痕。孔子作春秋。張三世。由據亂而升平而太平。大學言平天下。其道則所惡於上。毋以使下。所惡於下。毋以事上。所惡於前。毋以先後。所惡於後。毋以從前。所惡於右。毋以交於左。所惡於左。毋以交於右。此實圓滿之平等思想也。我國法律。以此種思想爲基礎。故雖疏闊不完。而其精神有足尙者。

一切經音義引說文云。匀調匀也。从勹二。會意。二猶分也。廣韻云。匀偏也。齊也。說文均下云。平偏也。从土匀聲。今案當云从土从匀。會意。匀亦聲。論語曰。不患寡而患不均。均無貧。蓋我國經濟思想。以分配之平均爲期。均从土。謂土地也。周禮大司徒。以土均之法。制天下之地征。小司徒。乃均土地。以稽其人民。均人。掌均地政。均地守。均地職。均人民牛馬車輦之力政。土均。掌平土地之政。以均地守。以均地事。以均地貢。凡此皆所以爲均也。而其事多屬於經濟問題。井田之制所由生也。近今歐洲倡社會主義。土地國有論。其精神正同之。

齊篆作亝。說文云。禾麥吐穗上平也。象形。朱氏駿聲曰。二象地。其中高地之禾。左右下地之禾也。今按朱說是也。以字之原形。其三穗原不平。而謂之平者。孟子曰。夫物之不齊。物之情也。因其不齊而各如其位置。是謂至平。荀子王制篇曰。分均則不偏。勢齊則不一。衆齊則不使。夫兩貴之不能相事。兩賤之不能相使。是天數也。勢位齊而欲惡同。物不能贍則必爭。爭則亂。先王惡其亂也。故制禮義以分之。使有貧富貴賤之等。足以相兼臨者。是養天下之本也。書曰。維齊非齊。此之謂也。今案此論。最足與亝字之形訓相發明。與莊子之齊物論有異。但非齊而仍可謂之齊者。則人民得各竭其才能。自由競爭。以進其地位。所謂爰得我直也。

甲　乙　丙　丁　說文所訓之文字。其最牽合附會者。莫如十幹十二支之二十二文。試悉舉而校之。甲下云。東方之孟。陽氣萌動。从木戴孚甲之象。大一經曰。人頭空爲甲。甲象人頭。古文甲始于一。見于十。歲成於木之象。乙下云。艸木冤曲而出也。象形。與丨同意。丙下云。烖也。古文作灾。从火在宀下。丁下云。鐕也。象形。今俗以釘爲之。戊下云。中宮也。象六甲五龍相拘絞也。戊承丁象人脅。己下云。中宮也。象萬物辟藏詘形也。庚下云。絡絲柎也。从干象柎形。斗又手絡之會意。辛下云。大辠也。从䇂上會意。干上爲辛。辠之小者。䇂上爲辛。辠之大也。壬下云。位北方也。陰極陽生。故曰龍戰於野。戰者接也。象人褢妊之形。承亥壬以子生之叙也。與巫同意。壬承辛。象人脛。脛任體也。癸下云。兵也。象形。子下云。十一月陽氣動。萬物滋。人以爲稱。象形。古文从巛。象髮也。籀文从囟有髮。臂脛在几上也。丑下云。紐也。寅下云。居敬也。从宀大。象人體。从臼。手自約束之形。與申同意。卯下云。門兩扉開也。从二戶。象開闢之形。門从二戶相向。卯从二戶相背。古文象柴門桑戶形。尙書帝命驗。卯金出軫。注卯金劉字之別。辰下云。有身也。从尸从丏省。象人之形。與后卮同意。伏而邕藏。有所恥也。辱字从此。古文从尸省。或曰身中有身。知其蠢蠢。不見其人。故从丏。巳下云。目也。四月陽氣巳出。陰氣巳藏。萬物見成文章。故巳爲蛇．象形．午下云．毋也．从丁毋一．一其物也．指事．未下云．木老枝葉重也．从木从屮．象形．申下云．東身也．从臼．自持也．从丨．身也．與寅同意．酉下云．就也．八月黍成．可爲酎酒．象古文丣之形．古文作丣．从丣．丣爲春門．萬物巳出．丣爲秋門．萬物已入．一．開門象也．戌下云．恤也．人被殺傷．可矜恤也．从戊．古文矛字．一指事．識其殺傷處．與刃同意．亥下云．荄也．十月微陽起．接盛陰．从二．二古文上字．一人男．一人女也．从乙．象褱子咳咳之形．春秋傳曰．亥有二首六身．古文作𠀅．亥爲豕．與豕同．亥而生子．復從一起．以上所說．或以後起展轉叚借之義爲本訓．或穿鑿異體而指爲象形．或雜引無價値之書以作證．或並列數說義各相背而不知所抉擇．此殆與其自序中所引俗師之言．謂人馬頭爲長．人持十爲斗者．同一可笑矣．許書大體完善．其於訓釋．大率皆有所受．而獨至此二十二文．若暗中摸索．進退失據焉．其不以列五百四十部中．而別附全書之末．豈其自覺有所未安也．古籍稱倉頡造書契．而大撓作甲子．口碑相傳．必有所自．然則此二物者．其始已非同出一源．今乃欲拘牽六書之義例以强解之．安見其可．且此二十二字．尚有種種異稱．爾雅釋天云．太歲在甲曰閼逢．在乙曰旃蒙．在丙曰柔兆．在丁曰强圉．在戊曰著雍．在己曰屠維．在庚曰上章．在辛曰重光．在壬曰玄黓．在癸曰昭陽．太歲在寅曰攝提格．在卯曰單閼．在辰曰執徐．在巳曰大荒落．在午曰敦牂．在未曰協洽．在申曰涒灘．在酉曰作噩．在戌曰閹茂．在亥曰大淵獻．在子曰困敦．在丑曰赤奮若．又月在甲曰畢．在乙曰橘．在丙曰修．在丁曰圉．在戊曰厲．在己曰則．在庚曰窒．在辛曰塞．在壬曰終．在癸曰極．此等名稱．雖以郭璞之博聞多識．猶云事義未詳．注中闕而不論．而其音讀亦往往有異同．以史記校之．閼逢作焉逢．旃蒙作端蒙．柔兆作游兆．强圉作彊梧．著雍作徒維．屠維作祝犂．上章作商橫．重光作昭陽．玄黓作橫艾．昭陽作尚章．此皆以音近而生同異者．然則此二十二文殆爲衍聲而非衍形也且此二十二文其在古代尙爲種種奇異之應用夏殷時之人名大率以十干爲之今其帝王之名猶可稽也而又以十二支代表動物子爲鼠丑爲牛寅爲虎卯爲兔辰爲龍巳爲蛇午爲馬未爲羊申爲猴酉爲雞戌爲犬亥爲豕今世俗通用之陸深春風堂隨筆謂本起於北俗趙翼陔餘叢考從之且引唐書黠戛斯國以十二物紀年如歲在寅則曰虎年宋史吐蕃傳仁宗遣劉渙使其國廝囉延使者勞問具道舊事亦數十二辰屬曰兔年如此馬年如此以證明陸說之確然王子年拾遺記稱鄭康成夢孔子告之曰起起今年歲在辰明年歲在巳既悟以讖合之知命當終曰歲在龍蛇賢人嗟然則在中國古代久有此說故說文亦云巳爲蛇亥爲豕許鄭大儒必有所受矣而黠戛斯吐蕃等國前此未嘗與中國通而亦有此則此等名義必非中國所專有而或同有其所自出可以推見要之從種種方面觀之此二十二文之性質實奇異複雜而不可思議頗近於世界的神祕的許君之不能下確詁良非無故也丹徒馬氏良曰甲子等十干十二支蓋與今歐洲通用之羅馬字母同物腓尼西亞及希臘文皆二十二母其數與此正同甲篆作⊕而羅馬文之A希臘文作卆其形與甲同其讀如羅馬文之 Ga 與粵音之讀甲相類乙篆作乙而羅馬之1草寫作乙讀如衣形音皆同丙古文作∩與羅馬之B形聲皆近不過一橫寫一直寫耳丁篆作个與羅馬文之丅形音皆同申古文作ꝸ與羅馬文之S形音皆近不過一左旋一右旋耳我國字形變遷不知凡幾音讀變遷及其方言不知凡幾泰西亦然若從兩方面蒐搜羅其異形異音者而校合之安見此二十二文非即腓尼西亞之二十二母乎案此可謂空前之新發明此說若信則古代東西兩洋之民族既早有密切之關係而凡爲世界歷史之著述者其機軸皆不可不一變矣以郡國山川所出鼎彝之款識考之此二十二字多有異文其殊

諕之狀。有深足喜者。而羅馬字母。導源於腓尼西亞。腓尼西亞又導源於埃及。蓋亦自象形文字。幾經遞嬗。始爲今體。今泰西之爲辭典者。往往載其沿革焉。如A本爲一鳥形。轉而爲乙爲𠂂爲厶爲仒以至於A。B本爲一長頸鳥形。轉而爲ク爲今爲ㄓ以至於B。C本爲一卣形作𠧪。略如古文酉之𨠍。D本爲伸手形作ㄙ。E作冂。如古文之己。F作蛇形。H作貝形。I从二直加點。K作刀形。L作犬形。M作梟鳥形。N作連山形。P作曰。如我之隸書日字。Q作石鏃形爲ㄥ。R作橢圓形爲〇。S作三禾並穗形爲𠮷。如我古文品之𠱠。又如我篆文齊之𠫓。T作ㄐ。如我古文以之ㄣ。Z作雙鳥交棲形。諸如此類。今考古者皆能探其朔焉。蓋西洋衍聲文字。雖屬腓尼西亞人所發明。然亦不過因當時通行之埃及文。選形定聲而孳乳之云爾。最初之文字。必起於象形。未有不經過象形之一階級而能驟進入於衍聲之域者。然則大撓之造此二十二文。就令果爲衍聲之用。而其始皆有所象。亦不足怪。但其所象者今已不可考見。而所象者又不必與其用字之義相屬。如羅馬文之A、B。何必爲鳥。F何必爲蛇。L何必爲犬。刻舟求劍。不亦遠乎。若許君以木釋甲乙。以火釋丙。以中釋戊己。以北釋壬之類。皆附會後起之義。以爲訓。適見其武斷也。

右四十八條九十七文。隨手箚記。不爲編次。蓋以存研究之一得。非爲有系統的著述也。義訓以說文爲主。而旁徵爾雅及古籍之傳注。行篋藏書不備。漏略滋多。世之君子、糾而正之。固所深願。又所列九十七文。不過觸手舉例。其他諸文之語源。饒有興味。足供研究之價值者。以檮昧所見及。蓋尙不鮮。大氐指事會意二類之字。最爲先民思想之所寄。蓋象形形聲。其命之也。多從客觀。指事會意。其命之則皆從主觀故也。世有好治小學者。試取說文指事會意字而悉求其語源。則亦可以褎然成帙。不朽之盛業也。他日編中國大辭典者。其或注意於斯乎。丁未正月二十一日覆校竟記。

中國古代幣材考

貨幣之職務有四。一曰交易之媒介。二曰價值之尺度。三曰支應之標準。四曰價格之貯藏。故凡文明稍進之國。莫不有貨幣。以其功用至鉅。舍之無以前民用也。既有貨幣。則不得不選定若干種物品以爲制幣之材。其物品最能完此四種職務者。則其最適於爲幣材也。今世各國。其幣材率用金銀銅諸金屬。而尤於其中選最貴之一種金屬以爲主幣。而以其他金屬爲從幣。(主幣從幣日本人譯爲本位貨幣補助貨幣)凡以其最能完此四種職務而已。吾輩生當今日。數見不鮮。視爲固然。殊不知卽此區區選定幣材之方法。亦幾經進化。然後止於至善。其在古代。無論何國。皆不解用金屬。蓋金屬隱於礦中。不易發見。卽復發見。而化分以取純質。其事尤難。此非文明已開學力稍深之民。不能從事也。吾嘗讀歐美碩儒所著貨幣論。記述各國前古所用之幣材。光怪陸離。至可詫異。因搜討先秦遺籍。仿其體例。綴爲此篇。因以明進化之軌轍。示羣治之不可封於故。見以自卽安。而歸結於今日中國之必當用金以爲主幣。略言其所以然之故。好學之士。或不以玩物喪志相誚耶。

第一項　貝

考古代凡濱海之國。其人民皆喜用貝殼以爲幣材。西史所述地中海沿岸諸民族用貝之跡。歷歷可稽。卽今日印度洋南太平洋諸島民。尚多用貝者。其影片屢見於各地志。而用之最盛者。則莫我中國古代若矣。考古代人民所以喜用貝者其原因蓋有六。

一　其文采斑爛可觀爲狉獉之民所同嗜。

二　其質堅緻經久不壞可以貯藏而無損其值。

三　其量么小便於攜運且便於數計其一枚之單位可供最小交易之用而層累之可供較大交易之用故適於爲交易媒介。

四　其每枚大小略相等彙集之而稍分等級可用爲價格之尺度及借貸之標準。

五　其物爲天然產物不能以人力任意製造驟爲增加而得之頗需勞費故其價格變動不致甚劇。

六　其得之雖需勞費然比諸採礦笵金爲事較易故文化未深之民未解用金而先解用貝。

坐是之故無論何國古代人民皆喜用貝而我國其最著者也。我國自伏羲建國於黃河上（都陳今河南陳州府也）其後沿河東徙漸及於沿海膏腴之地（神農都曲阜今山東兗州府帝堯都陶今山東曹州府）時則漁業與獵牧耕三業相並故採集貝殼爲一時嗜好所共趨及夫交易之道漸開因公認爲媒介之良品故古代之貨幣雖命爲貝本位制焉可也。

說文貝字下云「海介蟲也居陸名猋在水名蜬象形古者貨貝而寶龜（謂以貝爲貨以龜爲寶也）周而有泉至秦廢貝行錢。」此說若確則用金屬爲貨幣實自周始前此實皆用貝即周代亦不過貝錢並用貝之不爲幣實自秦而始然耳此徵諸文字而可知也。我國凡生計學上所用之字無論爲名詞爲動詞爲形容詞十有九皆從貝蓋古代之生計組織生計行爲無一不以貝爲標準也。試取說文所示之訓詁擇要而詮索之。

貣　飾也。（按此爲貝最初之用蓋以爲飾也其後好飾者漸多乃爲交易媒介）

賄 財也。按此會意兼形聲字也有貝則謂之財故从貝从有有亦聲所有權之觀念起然後財之觀念隨之而起也

財 人所寶也。按今世生計學所謂財即英文之Thing或Goods其意蓋指凡物之能養人欲而給人求者以人所寶一語示其定義最爲確當而古代所謂財即有貝之謂也

貨 財也。按廣韻引蔡氏化清經曰貨者化也變化反易之物故字从化然則後世以爲貨幣之專字亦有以也

資 貨也。

賑 富也。按西京賦鄉邑殷賑蓋富饒之謂匡謬正俗曰振給振貸字皆作振振舉救也俗作賑非

賢 多財也。按舊本作多才段氏玉裁正之謂賢本多財之稱引伸之凡多皆曰賢後世習其引伸之義而本義反廢耳

賀 以禮相奉慶也。

貢 獻功也。

贊 見也。按段氏云當作所以見也相見以貝爲贄今俗所謂見面禮

賮 會禮也。

齎 持遺也。

貸 施也。

貣 從人求物也。

賂 遺也。

賸 物相增加也。一曰送也。副也。

贈 玩好相送也。

賜　予也.

賚　賜也.

賞　賜有功也.

贏　有餘賈利也.

賴　贏也.

負　恃也.从人守貝.有所恃也.一曰受貸不償.按人守貝則有所恃此貝字非解爲貨幣則無以明之

貯　積也.

貳　副益也.

賓　所敬也.按相敬者必有餽贈故賓亦从貝

賖　貰買也.

貰　貸也.

贅　以物質錢.从敖貝.敖貝猶放貝.當復取之也.按漢書嚴助傳賣爵贅子以接衣食如淳曰淮南俗賣子與人作奴婢名曰贅子三年不能贖遂爲奴婢此不過贅之一種其實凡以物抵押皆謂之贅放貝而當復取之放貝即貸錢與人也

質　以物相贅也.

貿　易財也.

贖　貿也.

費　散財用也。

責　求也。从貝。朿聲。按責字篆作賫蓋兼有約束之義謂與人約束而向之索貝也故訓曰求周禮小宰聽偁責以傳別稱責即今之舉債古無債字也凡負債謂之責因引伸爲責任之責又引伸爲責罰之責

買　市也。段氏曰市者買賣所之也因之凡買凡賣皆曰市漢石經論語曰求善賈而賈諸今論語作沽者價借字也引伸之凡賣者之所得買者之所出皆曰買俗又別其字作價古無是也按古代以貝爲價格之比準故價古作買其文从貝也

販　買賤賣貴也。

買　市也。

貴　物不賤也。

賤　賈少也。按貴賤本指物價以凡物對於貝之價言之也後引伸爲上下階級之義

賦　斂也。按此亦形聲兼會意字以武力使人獻所有貝謂之賦凡賦稅皆以主權者之意强制執行也

貪　欲物也。按欲多得貝謂之貪

貶　損也。

貧　財分少也。

賃　庸也。按庸者今之傭字任用也用他人之勞力而酬之以貝曰賃今日本人猶名傭工之工錢曰賃銀

賕　以財物枉法相謝也。

購　以財有所求也。

貲　小罰以財自贖也

以上皆許氏說文貝部所解之字也。其未錄者十字其他見於徐氏新附者。如貺。賜也。贍。給也。賻。助也。賽。報也。賺。重買也。錯也。省作賺集韻云賺市物失實也貼。以物爲質也。貽。贈遺也。賵。贈死者也。賭。博簺也。凡九字。賊字不見說文本義謂竊人之貝傷害其所有權也引申爲凡賊害之義又寶字在宀部其訓曰珍也从宀玉貝缶聲此字蓋稍後起其時已以玉與貝並爲貨幣矣又說文有𧶠字而無賣字𧶠下云衒也後人省爲賣也又說文無贊字贊字即含贊字義由是觀之。凡中國文字與生計學有關係者。大率皆从貝。則貝爲古代最通行之貨幣。且行之最久。其事甚明。

古代以貝代表百物。其跡更有極著明者。說文貝部員字下云。「物數也。从貝口聲。」口字說文別爲一部訓曰回也象回帀之形其字讀爲羽非切圍圓等字从之與口字異金壇段氏釋之云。「从貝者。古以貝爲貨物之重者也。」然則古代以貝指物數。問人之富。則數貝以對。此與今日計財產者。言有金銀幾何圓。無以異矣。从口者。兼象其回帀之形。後世貨幣皆以金屬鑄爲圓形。名曰圜法。亦取象於貝也。

古之用貝者。皆累而貫之。說文毌字下云。「穿物持之也。从一橫毌。毌象寶貨之形。」貫字下云。「錢貝之毌也。从毌貝。」古者以二貝爲一朋。漢書食貨志云。大貝壯貝。幺貝小貝。皆以二枚爲一朋。詩小雅既見君子。錫我百朋是也。說文有賏字从二貝烏莖切其形與音皆近於朋竊疑百朋爲百賏之譌毌正象二貝相並之形。以一橫貫一。象繩。以繩穿二貝也。是毌字已函貫義。貫乃後起之字。加貝以明之耳。而後此變爲刀。變爲錢。皆穴孔以備穿而持之之便。實則皆濫觴於穿貝也。後世累千錢而貫之。而一貫遂引申爲一千之名。若語其朔。則兩貝耳。說文實字下云富也从宀从貫貫貨貝也多蓄成貫之貝則稱爲富此亦貝本位制之確證

以上所舉之字。未必皆起於一時。其爲夏商周間孳乳寖益者蓋甚多。然凡屬財富之意義。無不以貝表之。蓋貝

本位制之時代甚長故也。

第二項　龜幣

說文云。古者貨貝而寶龜。禮記云。諸侯以龜爲寶。史記平準書云。人用莫如龜。漢書食貨志云。貨謂布帛及金刀龜貝。是古代以龜爲幣（以其介爲幣也）歷歷甚明。據杜氏通典。言神農時已用之。其信否雖不可考。然漢書食貨志言秦幷天下。凡龜貝皆不爲幣。然則秦以前皆用爲幣甚明。易曰。或錫之十朋之龜。然則殆與貝子母相權。十朋云者。謂所錫之龜。價值十朋。卽二十貝也。（鄭康成詩箋言五貝爲朋與漢志異未審孰是若從鄭說則值五十貝也）龜之所以適於爲幣材者。(一)以其質經久不壞(二)以其得之甚難(三)以其可以割裂也。以其得之較貝爲難。故可高其值。以與貝相權。然亦以此故。其用不能如貝之廣。其可以割裂。雖便於貝。然經割裂。則其價必損。又不如貝之有常值也。

古代龜幣

古代用龜幣。以全龜爲之者固多。然割裂之者亦不少。蓋勢之所趨。不得不爾也。光緒二十五年。河南湯陰縣屬之古牖里城。有龜板數千枚出土。皆契有象形文字。爲福山王氏懿榮所得。推定爲殷代文字。而莫審其所用。余以爲此殆古代之龜幣也。（參觀拓本）周官龜人職云。旣事則繫幣。以比其命。繫幣之義。杜子春鄭康成各異其訓。雖未敢望文生義。然或卜餘之龜。用以爲幣。亦未可知。牖里出土之物。或古代人民所窖積。如後世之藏鏹也。其所鍥之文字。或所有者自爲標識。如今銀塊之有鑿印。期票之有裏書也。此說若信。則古代龜幣之盛行。可以概見。

第三項　皮幣

剡畫獸皮以爲貨幣。泰西各國古代。莫不從同。蓋太古人民。類以獵爲主業。皮爲其較所易得。而毛采足以供翫飾。靭質可以經久遠。又得之益需勞費。其價格變動不劇。故以爲幣材。其用尙適各國所以廣行之。蓋以此也。我國書契所記載。已自獵業時代以進於農牧時代。故皮幣之用於民間者。不甚可考見。言幣制者。亦罕道焉。（漢書食貨志通典記古代錢幣皆不及皮）然尙行之於聘享餽贈。其用亦等於貨幣。蓋皮幣之爲物。經割裂則其價大減。而獵業漸衰。得皮不易。全端之皮。所値日昂。不適於爲普通交易媒介之用。而古俗相沿。猶以爲寶。故專用之於大禮重典。而不與尋常貨幣同視也。儀禮聘禮云。官陳幣皮。北首西上。又云。庭實皮則攝之。毛在內。又云。致命張皮。又云。受皮者自後右客。鄭康成謂天子之孤用虎皮。公之孤用豹皮。諸侯相餽。皆以虎豹皮。若聘賓覲諸侯。諸侯待使臣及使臣與所聘國之卿大夫相覿。皆用麋鹿皮。凡此皆最隆重之有價物品。卽貨幣之變相也。士昏禮納徵用儷皮。亦所謂以貨財爲禮也。（孟子曰事之以皮幣亦以貨幣相賂贈也）

秦漢以降。獵業益衰。徵得皮益難。而金屬之幣材漸盛。皮幣之廢。理有固然。而漢武帝時。乃以白鹿皮方尺。緣以藻繢爲皮幣。命値四十萬。强王侯宗室朝覲聘享必用之。（見史記平準書）是爲逆人情之所習。强賦賤價之物以高價。其不能通行宜也。

第四項　粟　帛布

吾國古代常以粟及布帛縑絹等爲幣。此雖近於實物交易。然亦有當別論者。蓋彼時之粟帛等。兼有兩種資格。其一爲直接消費物品之資格。其二則爲幣材之資格也。周官旅師職云。掌聚野之耡粟屋粟閒粟而用之。廛人職云。掌斂市絘布總布質布罰布廛布而入於泉府。載師職云。凡宅不毛者有里布。閭師職云。凡無職者出夫布。孟子云。廛無夫里之布。職幣職云。掌式灋以斂官府都鄙與凡用邦財者之幣。粟也。布也。幣也。（幣即帛）皆後世所謂貨幣也。以粟爲交易媒介。其象實等於實物交易。故自古言幣材者多不及此。然稽諸經傳。其跡歷歷可見也。周官司市職云。國凶荒札喪。則市無征而作布。鄭注云。有災害物貴。金銅無凶年。因物貴大鑄泉以饒民。國語云。古者天降災戾。於是乎量資幣權輕重以振救民。管子云。湯七年旱。禹五年水。湯以莊山之金鑄幣。而贖人之無饘賣子者。禹以歷山之金鑄幣。救人之困。由是觀之。年凶鑄幣。三代同符。夫貨幣多則其價賤。貨幣少則其價騰。貨幣價賤則百物價騰。貨幣價騰則百物價賤。此一定之學理。古今中外所莫能外者也。然則當年凶物貴之時。而反增鑄貨幣以益之。毋乃等於抱薪以救火耶。而古代以此爲唯一之政策。且行之而灼著成效者何也。殊不知古代以粟爲幣。全國所有之粟。以一部分供民食。以一部分資幣材。當歲凶粟乏之時。而兩者之用。皆不可須臾缺。則民病滋甚。故廣鑄幣以濟其窮。使疇昔專資幣材之粟。得受代而卸此職務。舉其量以悉充民食。則一國生計賴此而蘇也。此與今世諸國當恐慌時代。多發紙幣者同一作用。然苟不知當時以粟爲幣之制。則此理無從索解也。

中國以布帛爲幣材。其歷史最長。唐虞以前。殆已有之。（通典謂起於神農）三代及春秋戰國間。其用蓋極盛。故錢謂之布。亦謂之幣。布者布也。幣者帛也。貨幣二字。今成爲交易媒介物之專名。貨之材則貝。幣之材則兼布帛而言也。然則貝與布帛殆可稱古代幣材之二大系統矣。

漢書食貨志云「周布帛之制以廣二尺二寸爲幅長四丈爲匹」而周官載師職「凡宅不毛者有里布」鄭衆注云「里布者布參印書廣二寸長二尺以爲幣貿易物詩云抱布貿絲抱此布也」禮記雜記「幣一束束五兩兩五尋」鄭康成注云十個爲束兩兩者合其卷是謂五兩八尺曰尋兩五尋則每卷二丈也合之則四十尺今謂之匹錯綜諸說而參綴之則當時所謂制幣者略可見也凡布帛以匹爲單位每匹以兩端相向對卷卷合一端兩卷而成匹故匹亦謂之兩（匹者匹耦之義與兩同義今從一端循摺而謂之匹非古也）而其長則四丈也匹之五倍爲束故一束爲二十丈經傳所屢稱束帛者是也二分匹之一爲卷十分卷之一爲布亦謂之幣鄭衆所謂布廣二寸長二尺者是也其廣其長皆當每卷十分之一當每匹二十分之一此普通貿易所用也故曰貿易物此種布幣以二十方而值一匹以百方而值一束束帛爲典禮用不以施諸貿易矣由此觀之則當時幣制有法定畫一之單位單位之上有倍數位單位之下有補助位子母相權與今世之幣制系統極相似不可謂非時代之進化矣。

古代所謂布者乃度量衡之名而非物品之名申言之則布者非與帛對舉而與卷與端與匹與兩與束對舉也就其可舒而言之謂之布就其可卷而言之謂之卷就其兩相對卷而言之謂之兩謂之匹一布一卷一匹皆一段也特其段有大小耳春秋左氏昭二十四年傳云錦二兩魯人買之百兩一布謂以普通幣帛之百兩乃能買此錦一布也卽以四百丈之帛乃能易二尺之錦言其貴也後世習用之則以帛之賤者名爲布矣。

夫龜貝皮等皆爲天然產物不能隨人意以畫分其形質其伸縮力極弱貝之與粟雖其形厶小可隨時增減其量以爲計數然僕僕數省而秤量之亦滋弗便惟布帛由人工織造故可懸一定式以爲鵠以之爲量度價格之

尺度。則標準確而免鬥爭。指數易而省煩費。此與金屬貨幣之由秤量制而進爲員數制者頗相似。古代人民。便而習之。蓋有由也。布幣之用既廣。後此雖鑄金屬以代之。而仍沿舊名曰布曰幣矣。後儒因古人名錢曰布。不解所由。乃强以布散之。義釋之。是未稽其朔耳。（漢書食貨志云貨布於布束於帛如淳注云布布於民間也李奇注云束聚也此皆望文生義也今者不名布而名幣寧得曰敝於幣耶）鄭司農所云布參印書者。考漢書平帝紀如淳注引漢律云。「傳信用五寸木。封以御史大夫印章。其乘傳參封之。參三也」。此所謂參印書者。疑亦同此。印三印於布之封面。所以檢姦僞也。故晏子云。如布帛之有幅焉。爲之制度。使無遷也。禮記王制亦云。布帛精麤不中數。幅廣狹不中量。不鬻於市。夫使布帛僅爲交易之目的物。則何必於其數量斤斤焉爲制度以干涉之。而使不得遷哉。徒以其爲交易媒介物。故必須由國家檢定。俾得斠若畫一也。準此以譚。則國家造幣權之觀念。濫觴於是矣。（一布之廣二寸其長二尺實不適於爲衣料然則當時此項之布殆以交易媒介爲其唯一之職務舍此以外不爲他用矣此亦與今世之貨幣性質酷相類者也）幣制既以匹爲單位。匹亦謂之兩。故兩之名最爲通行。周官媒氏職所謂凡嫁女娶妻。入幣純帛無過五兩。春秋左氏閔二年傳所謂重錦三十兩。昭二十六年傳所謂幣錦二兩。所謂百兩一布。皆其例也。兩本爲布帛幅長之名。不爲金屬重量之名。後世雖鑄金作幣。然民久習於布帛之兩。不能驟易。故襲其名曰兩。秦始皇鑄錢。文曰半兩。謂此錢一枚。其値半兩也。半兩卽十布也。

由此觀之。則周代八百年間。幣制殆可稱爲布帛本位時代。其他物雖亦兼爲幣材。而爲用總不如布帛之廣。此實中國古代史一特色也。各國古代所用金屬以外之幣材。雖有多種。惟未聞有用布帛者。則以蠶業爲中國專有之文明故也。秦漢以後。金屬貨幣雖盛行。然布帛之用猶不廢。直至明代。而布帛始不爲幣材。徵諸唐宋明史。

其官俸皆言縑若干匹。信而有徵矣。

第五項　禽畜

泰西古代各國。多以家畜為幣。而我國則不概見。蓋緣彼都古史所記。皆游牧遷徙之蹟。而我則丞進為農國也。雖然其蹟亦非無一二可尋者。古者相見必以贄。贄之文从貝。亦所謂以貨財為禮也。周官大宗伯職云。作禽摯。孤執皮帛。卿執羔。大夫執雁。士執雉。庶人執鶩。工商執雞。皮帛既為貨幣。則羔雁等亦為一種之貨幣無疑。聘禮言幣或用皮。或用馬。士昏禮言納徵用束帛儷皮。而納采納吉請期皆用雁。是皆古人以禽畜為幣材之證。孟子言事之以皮幣。事之以犬馬。事之以珠玉。皮幣珠玉既皆為古代貨幣。則犬馬亦為古代一種之貨幣明矣。漢武帝鑄幣。鐫馬形於其上。亦猶希臘古幣鐫牝牛形。皆沿古者用畜之習。而以金屬代表之也。

第六項　器具

各國有以器具為幣者。而我國古代之例證更為顯著。其最盛行者。則軍器與農器也。古代部落戰爭甚烈。人人

齊法貨

所不可缺者則護身之兵器也。然冶鑄之事。非盡人所能。故人多欲出他物以易取之。久之遂成為交易媒介之用。其後雖錯金以鑄。專供幣用。而猶沿其名。且模其形。故古代錢謂之刀。而齊太公所鑄法貨。如上圖文作曰齊法貨刀形而小之。後儒不察本末。乃謂刀之名取義於利民。漢書食貨志如淳注云名錢為刀者

（以其利於民也）失之遠矣。民習於以刀爲幣。故雖鑄新幣。而猶作刀形。凡以代表刀而已。其意若曰。此幣一枚。卽與刀一柄同値也。

農器亦然。爲人人所欲得之物。而非人人所能造。故咸欲以他物易取之。久之遂成爲交易媒介之用。其後雖鑄專幣。亦沿其名。且模其形。徵諸錢字之語源而可知也。說文錢字下云。銚也。古者田器。詩周頌臣工章庤乃錢鎛。毛傳云。錢銚也。然則錢之本義。與銚轉注。絕不含有錢幣之意甚明。然則銚果爲何物乎。銚字爾雅釋器作斛。郭注云。古鍬字。方言云。斛謂今鍬也。然則錢卽銚。銚卽鍬。古者以農具之錢。爲一種交易媒介之要具。後此鑄幣。仍象其形。而襲名曰錢。觀古代之錢。其形與今之鍬酷相類。則其命名之所由。可以見矣。錢爲本字。周代或稱曰泉者。乃同音假借字。後儒妄以如泉之流釋之。（亦見漢志）（如淳注）實嚮壁虛造也。後世之錢。圓周方孔。此乃鑄造技術之進化。形雖變而稱不改。於是錢鎛之名。遂爲錢幣所奪。而世無復知錢之本爲何物者矣。

錢

吾嘗考古代地中海沿岸人民所用銀幣。有作魚形者。印度洋沿岸人民所用銅幣。有作刀形者。（其形略似我古代刀幣而尤類）（澳洲土人所用石刀）又其銀銅幣有作海藻形者。魚刀海藻。皆其地前此一種幣材。及鑄金爲幣。仍象其形以代表之。（說本德人）（羅査生計學原論）因以悟吾國錢刀之得名。亦同此理。東西一揆。人情固不甚相遠也。

第七項　珠玉

管子稱古者以珠玉爲上幣。漢書食貨志言。秦幷天下。始不以珠玉爲幣。則珠玉之充幣材久矣。然其爲物所値太奢。而毀壞極易。一有破損。價值全失。實幣材中之最不適者也。故雖在前代。已不普行。羣治稍進。遂受淘汰。遺跡所存。無甚可考。大率以供藏襲之資。備享餽之用耳。朝覲會盟聘饗。必以圭璧爲禮。蓋猶是玉幣之遺意。而爾雅釋器云。玉十謂之區。郭璞注云。雙玉曰瑴。五瑴爲區。是則古代用玉計數法之可考見者也。

結論

由此觀之。古代之貨幣。非自始卽能用金屬以爲材也。金屬之用。實最後起。然遂能凌駕諸品。獨占優勝者。何也。吾固言之矣。貨幣有四種職務。惟最能完此職務者。最適於爲幣材。欲完此職務奈何。是當具八德。一曰爲社會人人所貴而授受無拒者。二曰攜運便易者。三曰品質堅固。無損傷毀滅之憂者。四曰有適當之價格者。五曰容易割裂。且不緣割裂而損其價值者。六曰其各分子以同一之品質而成。七曰其表面得施以模印標識者。八曰價格確實而變遷不劇者。而前此所用龜貝皮粟布帛禽畜器具珠玉諸品。於此八德者。或具彼而闕此。或具此而闕彼。終以資格不備而見淘汰。惟金屬則悉備之。故其用獨專也。而金屬之中。賤金之資格。又不逮貴金。故銅鐵不如金銀。銀又不如金。（非以其價值之鉅也。謂其具幣材之諸德耳。不然。珠玉鑽石之值。豈不更鉅於黃金哉。）夫金則八德咸備矣。銀亦幾於具體而微。而其所缺憾者。則以晚近數十年來。全世界銀塊之出產太盛。而需要之增進。不能與之相應。故其價漲落無常。而於第八項所謂價格確實之德。蓋闕焉。故二十年前。各國尙有以金銀兩種並爲主幣者。今則惟金獨尊。而銀則夷而爲從。與銅同位。原則所支配。大勢所趨赴。雖有大力。莫之能抗也。今者交通盛開。生計無國界。欲爲國民謀樂利。終不容逆時以取敗亡。我國方承圜法極敝之末流。我后我大夫。亦既知頒定幣制之不可以已。顧頗聞廷臣之議，猶復有主銀而不主金者，此猶生秦漢以降，尚矜矜然欲貨貝而實龜也，蔑有濟矣。吾因考古，縱論及此，若主金闢銀之議，他日更當爲專篇以闡發之。

飲冰室叢書
中國文化史
——社會組織篇

作　　者／梁啓超 著
主　　編／劉郁君
美術編輯／鍾　玟

出 版 者／中華書局
發 行 人／張敏君
副總經理／陳又齊
行銷經理／王新君
地　　址／11494 台北市內湖區舊宗路二段181巷8號5樓
客服專線／02-8797-8396　　　傳　真／02-8797-8909
網　　址／www.chunghwabook.com.tw
匯款帳號／華南商業銀行　西湖分行
179-10-002693-1　中華書局股份有限公司

法律顧問／安侯法律事務所
製版印刷／維中科技有限公司　海瑞印刷品有限公司
出版日期／2018年11月台三版
版本備註／據1958年7月台二版復刻重製
定　　價／NTD 300

國家圖書館出版品預行編目（CIP）資料

中國文化史.社會組織篇 / 梁啟超著.--台三版.
-- 臺北市:中華書局, 2018.11
面 ;　公分. --(飲冰室叢書)
ISBN 978-957-8595-03-3(平裝)

1.文化史 2.中國

630　　107016324

NO.L0005
ISBN 978-957-8595-03-3（平裝）